흔들리는 계절

흔들리는 계절

강돈묵 수필집

수필과비평사

머리말

다시 문학공간을 정리하며

　하루를 시작한다. 어제와 별다를 것도 없이 눈을 비비며 침상에서 일어선다. 저녁때면 어제와 같은 모습으로 잠자리에 들 것이다. 우리는 어쩌면 정답이 똑같은 문제를 매일 풀면서 살아가는지도 모른다. 십 년 전이나 십 년 후나 문제도 한결같고, 풀어내는 답 또한 매일반이다. 마치 알지 못하는 문중의 사람이라도 항렬이 같으면 돌림자가 일치하듯이, 모르는 사람인데도 같은 정답을 정확히 내면서 살아가고 있다.

　모든 일에 하나의 정답만이 존재하는 곳에서는 작가가 지치기 마련이다. 그 카테고리를 허물고 새로운 세계로 빠져 나오지 않으면 작가는 생명력을 얻지 못한다. 그 속에서 영어圖圖의 몸이 된다면 차라리 붓대를 꺾고 편안하게 독자로 남는 편이 유익하다. 괜히 발을 묶인 채 바둥대다 보면 삶의 의미는 찾지 못하고 헛소리만 하게 될지도 모를 일이다.

　이런 갇힘에서 벗어나기 위해서는 통념의 벽을 과감히 헐어내야 한다. 그래야 작가의 사고가 자유롭게 유영할 수 있는 터전을 제공받을 수 있다. 관념에 포획되어 한 발짝도 이탈할 수 없는 작가라면 스스로 껍데기를 깨는 일에 먼저 정열을 쏟아야 할 것이다.

서너 해 동안 여러 문예지에 발표한 글들을 모아서 또 한 권의 수필집으로 묶는다. 매번 가지고 있는 생각이지만 나에게 있어서 책의 발간은 새로운 도약을 위한 준비운동에 불과하다. 또 다른 일을 하기 위해 주위를 청소하듯이 그 동안 문학공간을 어질러 놓은 것들을 정리 정돈하는 차원에서 수필집을 발행한다. 그래야 나는 새로운 일을 시작할 수 있다.

그러니까 나에게 있어서 책의 발간은 새로운 시작을 알리는 몸짓이다. 이번에 새로 시작하면 정말 정답이 하나인 문제만은 풀고 싶지 않다. 철저하게 통념의 벽을 헐어버리고 어디로 튈지 알 수 없는 럭비공이 되어 보고 싶다. 그래야 지금까지 내가 풀던 문제에서 자유로울 수 있지 않을까.

이 책을 보는 독자들 중에는 나의 문학공간에 다녀간 사람도 있을 것이다. 내 공간에 와서 어질러 놓은 꼴을 지켜본 사람들은 다시 그 꼴을 바라보게 될 수도 있다. 더러 짜증이 일어날 수도 있겠지만, 이 작업이 정리 정돈을 하지 않으면 새 일을 하지 못하는 습성에서 일어난 것임을 깊이 헤아려 주길 바란다.

그리고 양에 차지 않으면 새로 시작하는 일을 지켜봐 달라고 주문하면서 더욱 노력하는 삶을 약속해 본다. 새해에는 보다 참신한 소재와 해석과 형상화로 독자를 찾아가고 싶다. 벌써 새해가 저만치 다가오고 있다.

2010년 12월 초순에

저자 강돈묵

| 차례 |

제1부 하루살이가 되어

꼬리 / 12
재를 치우면서 / 16
풍선 / 20
방황의 끝 / 24
소주유감燒酒遺憾 / 29
나무처럼 / 34
숨어 우는 고양이 / 39
다시 산을 오르며 / 44
십일지국十日之菊 / 48
음치의 노래 / 53
정지된 얼굴 / 57
하루살이가 되어 / 61

제2부 그녀 내게서 떠나다

안개의 저편 / 66
마디 / 71
숨바꼭질 / 74
아소산阿蘇山 / 78
딱지치기 / 83
야수野獸 / 88
그녀 내게서 떠나다 / 92
매화를 기르며 / 97
나도족의 50수 / 102
죄의 안과 밖 / 107
딸년의 반란 / 112
떡잎이 갈라지는 것은 / 116

제3부 마음 여행

인식의 차이 / 122
코 골이 / 125
한번만 불러줘도 보물인 것을 / 129
허수아비를 바라보며 / 133
흔들리는 계절 / 137
찾아가기 싫은 곳 / 141
덤 퍼주기 / 146
마음 여행 / 149
그리움 / 152
냉장고 / 155
산의 말씀 / 157
달아, 달아, 밝은 달아 / 160
질주 / 163

제4부 석축을 쌓으며

석축을 쌓으며 / 168
미생지신尾生之信 / 172
책궤를 정리하면서 / 176
엘리베이터세대들의 막장문화 / 180
바로 세우기 / 184
글공부의 진정한 교과서 / 188
예 예, 방백이었습니다요 / 193
도도盜道와 기도欺道 / 197
차분한 절규 / 201
개미의 힘 / 205
일십백천만一十百千萬 / 209
백자의 얼굴 / 213

제1부

하루살이가 되어

꼬리

개를 치우면서

풍선

방황의 끝

소주유감燒酒遺憾

나무처럼

숨어 우는 고양이

다시 산을 오르며

십일지국十日之菊

음치의 노래

정지된 얼굴

하루살이가 되어

꼬리

　　직립보행이 가능한 인간들은 두 손을 활용하여 노동할 수 있기 때문에 부귀영화를 누리고 산다고 말한다. 노동을 할 수 있다는 것은 무한한 행복이다. 여기서 이야기하는 노동이란 생산 활동을 일컫는 말일 게다. 물건을 생산하니 삶이 여유로워지고 윤택해짐은 당연하다. 그리고 노동 후에 갖는 휴식은 사람들에게 행복의 부피를 한층 두텁게 만들어 준다.

　그러나 나는 사람이 오늘의 위치에 오게 된 가장 큰 이유는 궁둥이 뒤에 붙어 있는 꼬리를 과감히 잘라냈기 때문이라고 생각한다. 그 일을 누가 했는지 정확히는 모르지만, 참으로 위대한 결단이었다. 사람들에게 꼬리가 그대로 남아 있다면 직립보행의 현재 모습을 갖기에도 무리가 있었을 것이다. 그 꼬리에 의존하여 살았으면 되지도 않은 것이 자만에 빠져 경거망동을 했을 것이 뻔하니 오늘의 부귀영화는 가당치도 않았을 것이다.

흔히 꼬리는 몸의 균형을 잡아주고, 앞으로 나아갈 때에 뒤를 책임져 주는 역할을 한다. 뿐만 아니라 위급할 때엔 적을 공격할 수 있는 무기로도 활용된다. 꼬리가 긴 동물일수록 그 활용도는 더 컸다. 소나 말과 같이 꼬리가 긴 초식동물들이 들판에서 풀을 뜯다 보면 피를 빨아먹겠다며 쇠파리들이 달려든다. 이럴 경우 그 무리들을 단번에 내칠 수 있는 무기는 단연 꼬리가 으뜸이다. 그 긴 꼬리를 상모 돌리듯 한번 돌리고 나면 모두 줄행랑을 치고 만다. 얼굴에 붙은 것들이야 귓바퀴로 설레설레 내쫓으면 그만이지만 몸통에 달라붙은 것은 그래도 꼬리가 나서야 효과적이다.

그런데 짐승들은 내쫓을 것이 없는데도 늘 꼬리를 흔들고 있다. 길짐승도 그렇고, 날짐승도 그렇다. 심지어는 물 속에서 사는 어류들까지도 늘 꼬리를 흔들고 있지 않은가. 왤까.

이 같이 꼬리를 늘 흔들고 있는 것 중에서도 가장 우리의 시선을 움켜쥐는 것은 돼지다. 그는 한시도 꼬리를 그냥 놔두는 법이 없다. 넉넉한 엉덩이에 보기에도 남세스럽게 달린 꼬리를 흔들어댄다. 더구나 뒤뚱거리면서도 꼬리를 늘 흔들어대는 모습은 보기에도 민망스럽다. 소나 말처럼 꼬리가 길게 늘어졌다면 점잖기라도 하지, 겨우 한 뼘도 되지 않는 것이 도깨송곳마냥 꼬여서 흔들어대는 꼴이란 참으로 희극적이다. 그 꼴을 바라보다 보면 왜 저런 꼴불견을 계속 자행하고 있을까 의문을 아니 할 수 없다.

한참을 생각하던 나는 엄청난 사실을 발견한다. '정말 저 행동이 그런 행위였구나' 생각하니 무릎이 저절로 쳐진다. 내가 얻은 결론은 순전히 동물과 사람의 비교에서 얻어낸 것이다. 그러기에 오늘의 인간들에게서 꼬리를 잘라버렸다는 것은 위대한 결단이었음을 스스로 인정하게 되는 것이다.

모든 동물들은 자신이 살아가는 삶을 그 순간 꼬리로 지우면서 살고 있다. 살아가면서 바로 제 모습을 꼬리로 썩썩 쓸어버리는 것이다. 가장 자발스럽게 지우는 것이 돼지이고, 소나 말 같은 동물들은 슬금슬금 다른 것들의 눈치를 보면서 지우고 산다. 하늘을 나는 새들은 지우개밥을 공중에 날리듯 제 행동을 지워버리고, 물속의 어류들은 하늘하늘 부드럽게 물결 따라 흘려보내며 잊어버리고 산다.

그러니 조금 전에 한 일도 그들은 전혀 알지 못한다. 꼬리로 쓸어버렸기에 머리에 남은 것이 하나도 없다. 그러기에 한번 저지른 실수도 처음 하듯 다시 반복하는 것이 그들의 삶이다. 마치 까마귀 고기가 정력에 좋은 이치와 너무도 흡사하다. 자신이 한 행동을 아예 모르니 그들의 행동을 뭐라 탓할 것인가. 조물주가 그들을 빚어낼 때에 꼬리를 주어 자신들의 행동을 무작정 지우도록 해 주었으니, 그들은 그렇게밖에 살 수가 없다.

하지만 사람은 다르다. 아예 몸의 뒤에 붙어 있던 꼬리를 과감히 잘라낸 것이다. 그것은 과거를 지우는 도구를 제거해 버린 것이 된다. 사람만이 그래서 자신이 한 행동을 지우지 못하고, 지난 세월을 되돌아보며 살고 있는 것이다. 늘 지난 행동에 대해 되새겨보고, 뉘우치고 반성하며 더 좋은 것을 향해 노력하도록 만들어진 것이 인간이다.

자신의 삶을 되돌아본다는 것은 인간만이 가지고 있는 특성이다. 여기서 더 나아가 사람들은 인간답게 살도록 하는 생각이란 것을 가지게 되었다. 그런 특성을 지녔으니 사람들은 그것을 잊은 척하며 사는 것도 가능하다. 자신의 고통을 잊은 척하며 사는 것은 미덕이 될 수도 있으나, 자신이 해야 할 일이나 실수를 잊은 척하는 것은 직무유기이고 죄악이다. 대개의 경우 바르지 못하면 자신의 허물을 덮기 위해 잊은 척하기에 인간 사회에는 범죄가 상존한다. 그러나 이것을 바람직한 쪽으로 활용한다면 무한의 발전을 가져올 수 있다. 보다 나은 삶이 도래하고, 끝없는 행복을 누리게 될 것이다.

그러니 오늘날 인간이 이 위치에 와서 만물의 영장이라며 으스대고 있는 것은 바로 꼬리를 과감히 잘라낸 덕이 아닐 수 없다. 만약 짐승들처럼 꼬리가 아직도 남아 있어 제 행동을 수시로 지워버렸다면 과거를 볼 수 없고, 그로 인해 생각할 수 있는 힘을 갖지 못하였을 것이 뻔하다. 인간의 꼬리를 잘라낸 것은 인간에게 가장 큰 혜택을 준, 용기 있는 결단임이 분명하다.

앞으로는 사람의 탈을 쓰고 짐승과 같은 행동을 하는 자에게는 인간 최대의 벌인 꼬리를 다시 붙여주어, 짐승처럼 과거를 잊고 살도록 하는 것은 어떨까.

〈딩아돌하 2010년 가을호〉

재를 치우면서

　　재를 치운다. 아궁이에 고무래를 깊이 밀어 넣어 그 안에 있는 것까지도 끌어낸다. 부삽에 모아 삼태기에 담는다. 순간 일어나는 재 먼지. 여기저기에 삶의 껍데기가 허옇게 내려앉는다. 거듭할수록 일어서는 재 먼지가 내 눈을 흐리게 한다. 그것이 가라앉기를 기다려 다시 고무래를 밀어 넣는다. 아직도 아궁이에는 끌어내야 할 재가 많이 남아 있다.
　어제는 유독 쓰레기가 많이 나왔다. 과자 껍질에서부터 양주 포장지에 이르기까지. 태워야 할 쓰레기가 다섯 상자나 된다. 어느 것은 분리수거가 되어 소각하기가 수월하나 더러는 음식물까지도 함께 담겨 있어서 일이 여간 더딘 게 아니다. 아궁이 앞에 쭈그리고 앉아 일일이 분리하여 아궁이에 밀어 넣는다. 나는 아궁이에서 뿜어내는 열기와 하늘에서 쏟아지는 태양열로 한껏 익어가고 있다. 하지만, 내 속에서 치미는 열기는 따라잡기 힘들다.
  사금 캐는 광부처럼 눈을 세우고 쓰레기를 샅샅이 살펴본다. 속에서 치밀던 열기가 서서히 식어간다. 다른 사람들의 삶을 훔쳐보는 데에 빠져들고 만 것이다. 소각시켜야 할 것에 음식물을 집어넣은 비양심도 보이고, 제대로 분리하여 내어놓은 깔끔한 성격도 만난다. 간밤에 뜨거웠던 사랑의 흔적도 보고, 둘만의 다정했던 모습이 찢어진 아픈 사연도 읽는다. 이렇게 내어놓은 그들의 삶을 훔쳐보며 그들의 얼굴도 그려본다.
  각기 다른 삶의 껍질들을 하나하나 아궁이로 밀어 넣는다. 시뻘건 불꽃이 들어오는 먹이를 삼켜 버린다. 화마의 아가리에서 모든 것들은 소각되고 만다. 즐거웠던 흔적이든 가슴 아팠던 흔적이든 모두 타버린다. 모두가 재로 변해 버리는 삶의 찌꺼기들.
  한참을 아궁이에 쓰레기를 집어 넣다보니, 낯익은 것이 있다. 이것은 분명 아내의 것이다. 한 뭉치의 쓰레기가 나의 혼미해진 정신을 후려 간다. 지난 날 그토록 아끼던 아내의 물건, 그것을 갖기 위해 아내는 얼마나 마음 졸이며 내게 애걸했던가. 그것이 아궁이 앞에까지 끌려나와 제 생을 마감하려 한다. 지나고 나면 별것도 아닌 것을. 그것을 갖기 위해 애썼던 아내의 몸부림이 저만치 지나간다.
  이번에는 아내의 서랍에서 나온 편지인 것 같다. 펼쳐보는 순간 내 모습이 떠오른다. 동해안 어느 쉼터에서 아내에게 보냈던 나의 사랑이 지금 쓰레기 속에 묻혀서 사라지려 한다. 그 때, 나는 무척 절실했던 심정을 보냈던 것 같다. 행간에 묻어나는 애

절했던 나의 사랑이 아직도 남아서 내 가슴을 쓸어내린다. 그 사랑이 이제 불길 속으로 사라져야 하는 운명 앞에 떨고 있다. 나는 그것을 몰래 호주머니에 집어넣는다. 숨죽이고 호주머니로 들어간 사랑이 느닷없이 통곡하기 시작한다. 통곡소리가 내 고막을 찢는다. 그 소리가 듣기 싫어서 나는 다시 끄집어낸다. 그리고는 냅다 아궁이에 밀어 넣고 만다.

어쩐 일이었을까. 아득한 시간 전에 아내의 심정을 적은 글도 있다. 내가 미처 헤아리지 못한 서운함이 배어 있는 글이다. 여자의 조그마한 소망도 들어주지 못한 미련이 순간 미워진다. 이렇게 눈치도 없었다니, 아내의 눈빛의 언어와 몸짓의 언어를 이렇게도 못 읽었다니……. 아내의 처참한 얼굴빛이 내 시야로 들어온다. 나는 부끄럽고, 그 얼굴빛을 더 보기가 싫어 아내의 일기장을 얼른 불길 속에 집어던진다.

모두 불길 속에 밀어 넣고 나니 속이 후련하다. 툭툭 옷소매를 털고 일어선다. 내 몸에 붙었던 온갖 삶의 편린들이 후드득 저만큼 달아난다. 몸이 한결 가볍다. 오늘의 쓰레기는 다 태웠다. 그 사연들이 얼마나 치열했는지, 아직도 아궁이에서는 열기가 뿜어져 나온다. 나는 다시 몽롱한 신기루를 느끼며 자리를 떠난다.

한나절이 지나서 아궁이 앞에 다시 섰다. 아궁이 속에는 재만 남아 있다. 그 많던 삶의 쓰레기는 모두 없어지고 재만이 아궁이 안에 그득히 쌓여 있다. 그렇게 치열하게 살았던 흔적들은 어디에서도 찾을 수가 없다. 보잘것없는 재만이 나를 맞는다.

세상의 일이 다 별거 아닌 것을. 아무리 치열하고 즐거워 날뛰어도, 별거 아닌 것을. 가슴 아프고, 속이 메어져도 별거 아닌 것을. 우리는 그렇게 가슴 아파하고 밤을 밝히고 괴로워했던가. 타고 나면 하잘것없는 재가 되는 것을.
　아궁이 안에는 식어버린 재만이 남아 있다. 물끄러미 그것을 바라본다. 그 속에는 치열했던 우리의 삶도 없다. 고왔던 얼굴도 다 사라지고 없다. 아픈 마음도, 서글픈 그리움도 다 없어졌다. 오직 재만이 있을 뿐이다. 고무래를 아궁이로 깊이 집어넣는다. 서서히 끌어낸다. 그리고 부삽으로 삼태기에 담는다. 순간 일어나는 재 먼지. 여기저기에 삶의 껍데기가 허옇게 내려앉는다. 거듭할수록 일어서는 재 먼지가 내 눈을 흐리게 한다.
　언젠가 나의 육신도 이렇게 한줌의 재가 되어 사람들에게 수고를 끼치겠지. 누구라는 것조차 알리지 못한 채 바닷가에 뿌려질지도 모르는 내 삶. 무에 그리 아근바근 치대었는지…….

〈현대수필 65. 2008년 봄호〉

풍선

　　풍선을 분다. 풍선을 불 때마다 나는 그 속에 갇히는 공기의 신세를 생각한다. 그 공긴들 왜 밖으로 나가고 싶지 않겠는가. 밀폐된 공간 속에서 서로 머리를 부딪치며 참아내야 하는 고통을 좋아할 리 만무하다. 넓은 공간에서 여유롭게 즐기고 싶은데 재수 없게 내 폐에 들어왔다가 갇히고 만 것이리라. 느닷없이 갇히게 되면 그 울타리에서 벗어나고자 하는 충동은 으레 일기 마련이다. 모든 것의 심리란 게 남의 것에 더 관심이 가는 법이고, 밖의 세상을 더 그리워하게 되어 있으니까.
　　금강산은 꼭 가 보고 싶은 곳 중의 하나였다. 하지만 막상 길이 열리고 나에게 기회가 주어지자 이상하게도 그 생각이 '아니야'로 바뀌는 것이었다. 왠지 모르게 썩 내키지 않았다. 그 이후 금강산 여행이 잡히면 으레 호기스럽게, 산은 산이지 별 것 있겠느냐며 나서기를 마다해 왔다.

그런데 피치 못할 사정이 생겼다. 형제들이 매년 해외여행을 하는데 이번에는 굳이 금강산엘 간다는 것이다. 더구나 지난 번 일본 여행을 혼자만 빠진 데다, 산수(山壽)를 바라보는 어른들이 간다는 데에 젊은 것이 계속 빠질 수 없는 노릇이었다. 어쩔 수 없이 길을 나섰지만, 마음은 편치 않았다. 전에부터 이 관광코스에 대해서 조금은 불만을 가지고 있었던 터라 그랬는지도 모른다.

여행이란 일상에 지친 몸에게 자유를 주어 심신의 피로를 덜어내야 한다는 것이 내가 가지고 있는 생각이다. 한데 금강산 여행은 너무 제약이 많다는 데에 썩 내키지 않았다. 그렇게까지 긴장하면서 갈 일은 아니었다.

이런 까닭에서인지는 몰라도 화진포 아산휴게소에서 금강산 관광 차량에 옮겨 타고 북측 비무장지대를 거쳐 군사분계선을 넘으면서, 저절로 긴장이 되어가는 것이었다. 철책으로 차단된 통로에 들어서자 마치 풍선 속으로 끌려들어가는 답답함을 어찌 할 수가 없어서 윗저고리부터 벗어 부쳤다. 틀림없이 나는 풍선에 갇힌 공기였다.

철책선 밖이 한눈에 들어와도 그것은 다른 세계다. 우리의 60년대 상황과 너무도 닮은 풍경이 스쳐지나간다. 어찌 보면 그보다 더 나에게 아픔을 주고 있는지도 모른다. 여럿이 모여서 살던 달동네. 삭은 나무장대를 타고 거미줄처럼 골목길을 포위했던 전깃줄. 그 밑에서 살아온 지난 날. 이런 추억을 가지고 있는 내가 처음 접한 북쪽의 상황은 야릇함 바로 그것이었다. 이곳은 집은 없어도 허허벌판에 외로이 하늘을 떠받고 있는 바지랑대. 하나로 모자라 둘을 이어서 전신주를 대신하고 있는 처량한 모습은 영락없는 우리의 반세기 전의 풍경이었다.

그러나 그 세월을 차단하는 철책이 고무풍선의 주머니처럼 나를 가두고 있다. 앞차에서 일어난 먼지가 뿌옇게 머리를 풀고 철책을 넘나든다. 사람이 만든 철책은 사람만을 가두고 있다. 어쩌면 이렇게 용이한 일이 가능할까. 사람만을 가둘 수 있는 풍선이 따로 있다는 사실에 놀란다.

차에서 내리기 전에 안내조장은 역시 풍선의 벽이 있는 곳을 인식시키며, 주의를 당부한다. 관광특구에도 벽은 견고히 쳐져 있다. 숙소, 쇼핑센터, 식당, 술집, 노래방, 공연장, 은행 등이 풍선 안에 갇혀 있었다. 온천장 가까이에는 철책이 한눈에 들어왔다. 풍선의 벽이 보이는 것이다.

무엇 때문에 이렇게 사람의 자유를 차단해야 했을까. 풍선이 공기를 가두기 위해 차단을 하듯이 이곳의 철책은 관광객을 가두기 위해 설치되어 있다. 그런데도 그 갇힘을 스스로 택해 이곳에 온 것이다. 조장조차도 어디에는 어떤 것이 있으니 활용하라는 안내보다, 철책선 밖에는 나가는 일이 없도록 하라는 당부가 모자라 북쪽의 군인과 마주치면 정면으로 바라보지도 말라고 요구한다.

다음 날 조장은 산에 오르면서도 등산로 외엔 들어가지 말라는 당부의 말을 잊지 않는다. 구룡폭포, 삼일포, 만물상, 해금강 등도 풍선 안에 갇혀 있었다. 산을 오르다 보면 여기저기 철책이 보인다. 요소요소에 북측의 안내원이 있다. 그들은 풍선의 파기를 예방하기 위한 지킴이이다. 말을 어찌나 조리 있게 잘 하는지 감히 내 생각을 내세워볼 용기조차 내지 못한다.

가던 걸음을 멈추고 돌 위에 궁둥이를 내려놓는다. 시원한 골바람이 땀방울을 닦아준다. 저만치에 철책이 보인다. 그 앞에서 놀고 있던 다람쥐가 철책 구멍으로 빠져나가 가랑잎을 뒤적이더니 다시 넘어온다. 녀석의 행동에 아무런 거리낌이 없다. 자유자재로 철책을 넘나든다. 나는 다람쥐만큼도 자유가 없는 인간임을 절감한다.

풍선 속에 갇혀 있다는 생각은 관광기간 동안 내 머리에서 떠나질 않았다. 그러면서 평소에 가고 싶지 않았던 철책 밖의 세상이 궁금했다. 가 보고 싶었다. 가두면 더 나가고 싶은 것이 세상의 이치인가. 내 몸에서 곰실곰실 일어나는 밖의 세상에 대한 갈망을 겨우 누르며 일정을 마쳤다.

나의 고뇌는 북측 출입국 사무소에서 수속을 가치고 버스에 오르자 지워지기 시작했다. 이제 풍선의 주둥아리로 향하고 있는 것이다. 나는 바로 풍선에서 탈출하여 자유로운 몸이 될 것이다.

〈월간문학 480. 2009년 2월호〉

방황의 끝

벌써 서른다섯 해 전은 되는 일인가 보다. 그 해 겨울은 몹시도 추웠다. 기온만이 내려간 것이 아니고 바람까지 매서워 체감온도는 더욱 차갑게 느껴졌다. 추위는 조금 누그러졌다 싶으면 다시 차디찬 얼굴로 나타나 창문 언저리를 서성였다.

그 때 나는 지독한 방황에 빠져 있었다. 자신의 장래에 대해 확실한 것이 아무 것도 없었다. 그렇게 불확실한 처지에 있을 때에 온갖 방황의 요소들은 한꺼번에 다가왔다. 어느 하나 수월하게 나에게 답을 주지 않았다. 글쟁이의 삶을 살 것인가, 교직의 길을 걸을 것인가, 언론의 길을 걸을 것인가, 출판업을 할 것인가, 농장 일을 할 것인가, 심지어는 정치에 몸을 담을 것인가 하고 고심하고 있었다.

뿐만 아니라 결혼의 문제도 만만치 않았다. 어른들은 내게 그래도 양가의 집안이 어느 정도 균형은 맞아야 한다며 은근히 압력을 넣었다. 그것은 당시 내가 만나고 있는 여성의 집안이 그리 탐탁치 않다는 뜻이기도 했다. 그러나 나는 그게 별반 문제가 되지 않았다. 그러자 이번에는 내가 온전한 직업을 갖지 못한 상태임을 부각시키며, 아내 될 사람이 일을 하는 여성이면 어떻겠느냐며 회유를 하고 들어왔다.

이런 끝없는 방황 속에서 나는 자립의 길을 선언했다. 우선 집에서 탈출하여 행정기관의 글 나부랭이를 써 주며 끝없는 방황으로 들어갔다. 한 기관의 일이 아니고 여러 기관의 일을 함께 해결했다. 심지어는 정식 기자도 아니면서 매일 기사를 써야 하는 경우도 있었다. 이 일은 나 혼자 하는 것이 아니고 둘이서 같이 했다. 우리는 한곳에 숙소를 정하고 밤낮을 함께 있으면서 원고지를 죽여 갔다.

그러던 어느 날 모임에 다녀오겠다고 나간 동료가 교통사고가 났다. 전화를 받고 반사적으로 뛰쳐나왔지만, 찬바람이 먼저 넓은 자락으로 나를 감아 버렸다. 한번 감기고 나면 정신이 번쩍 들었다. 택시에 올라보니 그 곳에도 찬 기운은 먼저 들어와 있었다. 병원으로 가자고 말을 해 놓고서야 겨우 안심이 되었으나, 그 순간 다시 바람은 차창에 흙먼지를 뿌리고 지나갔다.

응급실 안은 을씨년스럽다. 응급환자들은 그리 많지 않았다. 몇 되지 않지만, 환자를 따라 온 사람들의 모습이 오늘따라 이상하다. 초조한 빛이 없다. 그냥 이웃집 아이 문병 온 모습이다.

누구의 보호자인지도 모르게 환자와는 이만큼 떨어져서 수군거리고 있다. 그들의 시선은 응급실 저편 귀퉁이로 향하고 있다. 그 수군거리는 표정들이 야릇하게 나를 흥분시켰다. 대개 그런 경우에는 당사자가 모르게 한다든지, 그렇지 않으면 당사자가 민망스러울 정도로 멸시하는 눈빛들이기 마련인데, 그 모습들이 천차만별이었다. 딱 집어내어 한마디로 말할 수 없을 정도로 사람들의 표정이 다양했다. 어떤 이는 경악스러운 표정이었고, 더러는 넋을 잃고 바라보는 이도 있었다.

사람들이 흘깃거리며 바라보는 곳에는 한 남자가 침대에 누워 링거를 맞고 있었다. 그리고 옆에서 한 여인이 환자를 향해 앉아 있을 뿐이었다. 눈에 비친 그 여인의 행색은 매우 남루한 차림이었으나, 미동도 없었다. 그 모습은 사람이 아니고, 밀랍인형일 수도 있다는 착각까지 하게 했다.

교통사고 연락을 받고 달려온 나는 더 이상 그 이유를 찾을 겨를이 없었다. 우선 그를 찾아야 했다. 더욱이 결혼한 지 얼마 되지 않지만 부부 사이에 상당한 갈등이 있는 동료라서 나는 스스로 보호자가 되어야 했다. 동료는 응급조치가 끝나 있었다. 정신을 가다듬고 부인에게 전화를 했다. 그러나 그녀는 올 수 없다며 단호히 거절하는 것이었다.

좋은 집안끼리 혼사가 이루어졌다고 주위의 부러움을 샀던 그들의 결합이었다. 그렇지만 그들의 결혼생활은 순탄치 않았다. 나는 동료를 병실로 옮기면서 부인이 오지 않겠다고 한 말을 환자에게 전달하지 못했다. 영락없이 나는 간병을 맡아야 하는 신세가 되고 말았다.

　병실을 정리하던 중에 동료의 구두를 응급실에 떨어뜨리고 왔음을 깨닫고, 다시 찾으러 갔다. 응급실 입구에서 마주친 간호사들은 아직도 수군거림을 계속하고 있다.

　"지하도에서 데려온 행려환잔데, 벌써 두 시간째야. 저렇게 물고서."

　응급실 안의 분위기는 아직도 야릇함이 풀리지 않은 상태다. 사람들의 시선은 여전히 링거 맞는 사람 옆의 여자에게 머물러 있다. 아까의 모습 그대로다. 조금 다른 것은 구경꾼이 좀더 많아졌다는 점이다. 나도 고개를 빼고 그들을 살폈다. 바로 그거였다. 사람들의 입이 참을 수 없게 만든 그 상황은 바로 그거였다. 모포를 덮고 있는 환자는 추위에 떨고 있었고, 그 환자의 몸에 붙어 있는 링거 줄은 여자의 입에 매달려 있었다. 추위에 떠는 남자의 주사액을 따뜻하게 덥혀 주기 위해 여자는 두 시간이 넘도록 링거 줄을 입에 물고 있다는 것이다. 그러니까 그녀는 다른 아무것도 없이 제 몸 하나로 남자를 사랑하는 거였다. 그 여인의 체온이 링거 줄을 타고 남자의 몸에 차곡차곡 쌓이고 있었다. 그것은 이 세상에서 가장 아름다운 사랑으로 내게 와 닿았다.

　순간 나는 벼랑에 선 자신을 발견했다. 이 벼랑 끝에서 방황을 마쳐야 한다는 절박한 생각이 불현듯 일었다. 내가 서 있는 가파른 벼랑 밑의 두 세계 중 내가 선택해야 할 길이 보였다. 비록 남루한 옷을 입고 거리에서 잠자리를 찾아드는 그 삶이 얼마나 값진 것인지 내 뇌리에서 떠나질 않았다.

　오늘은 처음으로 그 여인에 대한 이야기를 아내에게 들려주어야겠다. 나의 방황을 마무리하게 했고, 아내가 내 곁으로 오는 데에 지대한 힘을 발휘했던 숨겨진 한 여인에 대한 이야기를.

〈월간문학 497. 2010년 7월호〉

소주유감 燒酒遺憾

나는 술을 즐기는 편이다. 즐긴다기보다는 사랑하는 편이다. 어찌 보면 세상에 나만큼 술을 사랑하는 사람도 드물지 싶다. 다른 사람들은 벗들과 앉아서 한담을 나누거나 서로 뒤틀린 심사를 풀기 위해 술의 도움을 청하지만, 나는 그러는 법이 없다. 오직 사랑할 뿐이지, 그를 이용해 다른 짓을 하지 않는다. 물론 전에는 나도 그랬다. 여럿이 둘러앉아 마셔댔다. 요즈음은 특별한 모임이 아니면 언제나 나는 술과 단 둘이 마주앉는다. 이제는 떠들썩한 자리에서 술친구와 주거니 받거니 하는 술이 아니다. 조용하게 주방에서 혼자 앉아 술과 마주하고 한가한 시간을 즐긴다.

나는 그 많은 술중에서도 유독 소주만 사랑한다. 전에는 나도 술에 대해 가리지 않았다. 맥주가 되었든 양주가 되었든 가리지 않고 가까이 했다. 비록 체구는 작아도 밑 빠진 독이란 소리를 들으며 술을 마셔댔다. 어쩌면 그 당시에는 술의 참맛을 모르고 날뛴 것이 아닌지 모르겠다. '주酒'자만 들어가면 다 되는 것이었다. 더군다나 술병에 술을 남기고 자리에서 일어서는 것은 절대 있을 수 없는 일로 알았다. 비록 도수가 높은 양주라 해도 마개를 딴 자리에서 바닥을 보아야 했다.

그러던 것이 어느 한 순간부터 소주만 즐기게 되었다. 아마 세상을 알아가면서부터 그리 된 것 같다. 여럿 중에서 어느 하나를 선호하는 것은 나이가 들어감을 의미하는 건지도 모른다. 갖가지 특성을 가진 것들이 한곳에 모여서 지지고 볶고 싸우면 결국 피곤한 것은 누구이겠는가. 이제는 여러 맛을 보는 것이 좋은 것이 아니라 진정한 술의 맛 하나를 즐기기로 했다고 하면 지나친 사치일까. 여하튼 그토록 즐기던 양주도 입에 대지 않고, 우리의 전통 막걸리도 욕심이 없다. 아무런 색깔도 없어 맹물같아 보이지만, 담박한 술의 맛을 짙게 풍기는 소주로 내 술사랑은 모아지고 말았다.

그러던 어느 날 소주를 입에 댈 수 없게 만든 사건이 벌어졌다. 바다가 내려다보이는 전망 좋은 횟집에서 술을 마시게 되었는데, 주문한 술병의 마개를 열자 거기에 붉은 녹이 묻어 있었다. 꺼림칙한 마음이 들었지만, 뭐 어떠랴 한 것이 그만 탈이 나고 말았다. 밤을 지새우며 구토를 한 나는 그 이후 소주의 냄새만 맡아도 견디기 힘든 상태가 되었다. 속에서부터 메스껍게 거부 반응이 일어났다. 도저히 참아낼 수 없는 고통이었다.

결국 술을 멀리하는 도리밖에 없었다. 다른 술은 이미 내게서 멀어진 지 오래 되었고, 단 하나 즐기던 소주마저 멀찌감치 밀어내야 할 판이었다. 한 동안 술과 소원하게 지낸 후 지난번에 탈을 낸 술이 아닌 다른 회사의 소주를 입에 대어 보았다. 상당한 모험이었다. 그런데 의외였다. 그것은 괜찮았다. 그 이후 나는 술집에 가면 소주의 상표를 지목해 주문하는 버릇이 생겼다. 아마 주인들은 나를 소주 회사의 직원쯤으로 생각했을 것이다. 품세로 보나 하는 짓거리로 보나, 어디 임원인들 되겠는가. 제 회사 제품 홍보에 나선 말단의 처참한 음주 책임자쯤으로 여겼을 것이다.
　한번은 술을 마시다 보니 술병이 뒤섞였는지, 내가 그토록 피하던 회사의 것이 빈 병들 속에 들어 있었다. 내 속에서 그 소주도 받아들이기로 했다는 전갈이 아닌가. 나는 이 무슨 경사스러운 일이냐며 내친 김에 그 술을 한 병 더 청해 마셨다. 이후로 나는 어떤 소주든 가리지 않고 마실 수 있는 허가증을 받은 꼴이 되었다.
　이제 나는 소주 한 가지만 사랑하는 사람이 되었다. 아무리 귀한 양주라 해도 입에 대는 경우가 거의 없다. 더러 귀한 술이 내 손에 들어와도 즐거워하지 않는다. 다른 이가 그것을 보고 욕심을 내면 선뜻 내주기도 한다. 그것은 내게 있어서 소주만도 못한 것이니까.
　그런데 술좌석이 집안으로 들어온 데는 딱히 이유가 없다. 어느 날 문득 생각하니, 술을 집에서만 마시고 있었다. 더러 모임이 있어 밖에서 반주로 한두 잔 하는 거야 인사치레지만, 술에 취했다 할 정도로 마시는 경우는 없었다. 하지만, 집에서는 술과 벗하고 앉아 있는 기회가 많아졌다. 아무리 생각해 봐도 이건 순전히 나이 탓이다.

대개 집에 있는 마누라가 예쁘면 함께 할 요량으로 그럴 경우도 혹 있을지 모르나, 나의 경우는 그건 아니다. 왜냐하면 아내는 밀밭 옆만 지나가도 얼굴이 벌게지기 때문이다. 지친 남편의 심사를 달래주기 위해 마지못해 한 잔 받는 시늉이라도 할 법한데, 아무리 권해도 옆에서 같이 홀짝거리는 법이 없다. 그보다 아예 내가 권하지 않는다는 쪽이 옳다. 한 모금 마시고 난 뒤에 벌어질 사태를 너무나 잘 알기 때문이다. 집안을 다 쓸고 다니며 역겨워 할 모습을 도저히 바라볼 수가 없다.

그래서 나는 언제나 소주와 단 둘이 마주한다. 그것도 한 잔에 머무는 것이 아니고, 한두 병은 마개를 따야 겨우 기별이 오니, 사랑치고는 깊은 사랑이다. 옆에 누가 있는 것도 아니고, 소주만 놓고 앉아서 홀짝거리는 내 모습. 그렇다고 특별난 안주를 장만하는 것도 아니고, 냉장고 문 열어 손에 잡히는 것이면 족하다. 김치 쪼가리도 좋고 배추 뿌리도 좋다. 중요한 것은 소주여야 한다는 사실이다.

소주는 내 사랑을 알기나 할까 하고 생각할 때가 있다. 저 하나만을 귀여워해 주고 사랑하였더니, 더러는 내 정신을 몽롱하게 흐려 놓는다. 나만큼 소주를 사랑한 친구가 없다고 말했으니, 금시 말을 바꿀 수도 없고 난처한 꼴이 되었다. 정신을 가다듬고 대처하는 수밖에 없겠다. 하나, 눈치 빠른 녀석이 벌써 내 속을 먼저 꿰뚫고 있다. 전에는 전혀 없던 일이 자주 일어난다. 세상의 이치가 다 그런가 보다. 귀여워해 주면 믿고 더 앙탈을 부리는 계집 옆을 지키는 것이 술이고 보면 배운 성도 싶다. 문득 소주의 애교에 더 이상 넘어가서는 아니 되겠다고 다짐도 해 본다. 더 이상 이것의 교태에 무너지면 내 체면이 말이 아닐 것 같은 판단이 서는 것이다. 하지만 아무리 다짐을 해도 어느새 내 입으로 소주잔이 다가가고 있다.

〈에세이 플러스 2008년 10월호〉

나무처럼

사람은 살다가 어떻게 가는 것이 가장 아름다울까. 전에는 전혀 생각해보지 않던 문제가 요즈음 나를 괴롭힌다. 한 국가의 대통령까지 지낸 사람이 자신의 삶에 차단기를 스스로 내리는 사건을 보면서 여러 가지 상념에 잠기게 된다. 그래도 국가원수의 자리에까지 올랐던 사람이라면 보편적으로 성공한 경우라고 할 수 있는데, 그렇게 스스로 떠날 준비를 하였다니 옹색하게 살고 있는 사람으로서는 갈피를 잡을 길이 없다.

어떻게 살았는가에 대해서는 그 사람만의 일이다. 어디까지나 삶은 자신만의 것이라는 생각이 지워지지 않는다. 국가의 원수가 되면 경호원이 따르고, 어디 행차라도 하려면 '물렀거라' 하며 치워 놓은 후에 가야 했던 그 위치의 삶. 상상만 해도 정말 재미없고 지겨운 삶이었을 것이다. 언뜻 생각하면 호화로운 것으로 보일지 모르지만, 지금의 국가 원수의 삶은 결코 바람직하게 느껴지지 않는다. 아라비안나이트에 나오는 왕처럼 여자를 취하여 하룻밤 자고 죽일 수 있는 권세를 가지고 있는 것도 아닌데, 왜 그 자리에 못 가서 안달들인지 알 수가 없다. 행동 하나하나가 자신에 멈추지 않고 다른 사람들의 관심의 대상이 되고, 비평의 대상이 되는 삶은 어찌 보면 사는 것이 아니라 고문일 텐데 말이다.

 풀지 못한 문제는 산행을 하는 동안 나를 놓아주지 않는다. 왜 그런 삶을 살까. 그 위치에서 남들의 시선에 허럭이며 살 필요가 있을까. 차라리 굶주림에 떨며 살아도 맘 편히 사는 것이 행복이 아닐까. 아무도 의식하지 않고 살아가는 삶이 이 세상에서 가장 행복한 삶이란 생각이다. 더러 실수하여 시궁창에 빠져도 관심 주는 사람 하나 없는 삶. 술에 맞아 이마가 터져도 그냥 접어주는 삶이 나는 편안하고 좋아 보인다.

 생각이 깊어지면서 나의 몸도 산 속 깊이 들어와 있다. 하늘의 푸름이 보이지 않고, 울울창창한 숲만이 고요를 움켜쥐고 있는 공간. 그곳엔 많은 생명들이 제멋대로 살고 있다. 하늘을 향해 치솟는 것이 있는가 하면, 땅으로 기는 것도 있다. 옆에 친구와 어깨를 나누며 즐기는 것도 있고, 귀찮은 것들이 달려드는 것을 막기 위해 가시를 세우고 있는 것도 있다. 가만히 있다가 바람이 찾아오면 친구하며 속삭이는 것도 있고, 멀리서 들려오는 개울물소리에 귀를 주고 있는 것도 있다.

 어둑어둑한 속에서 그들의 삶을 눈여겨본다. 여기저기 즐비

한 나무들의 모습이 나를 압도한다. 제멋대로 굽기도 하고, 제멋대로 곧기도 한 나무. 누구의 눈치도 보지 않고 소신껏 뻗어가는 모습이 장관이다. 목의 피로를 덜어내려 쳐들었던 고개를 내리면, 쌓인 낙엽이 편안하게 내 눈을 맞는다. 낙엽 속에서 솟아나는 새 생명이 경이롭다. 비록 작은 생명이지만 보란 듯이 우쭐대는 모습이 가상하다. 제멋대로 태어나고, 제멋대로 성장한다. 그 작은 생명에 아무도 관심주지 않는다. 그런 것에 관여하는 것은 인간뿐이다.

저토록 하늘을 찌르는 큰 나무도 처음엔 이렇게 작게 태어났겠지. 성장하는 도중에 어떠한 삶을 누렸을지 아무도 관심이 없다. 바람이 흔들면 같이 호응해 주고, 산새가 와서 노래하면 같이 즐거워했을 나무. 그들은 다른 것들의 시선을 의식하지 않고 행동하며 하루하루를 즐긴다.

남의 시선을 마음에 담고 사는 것은 인간만이 아닐까. 남의 모습에 관심을 보내는 것도 인간만이 아닐까. 결국은 이것 때문에 인간은 늘 허덕이고 괴로워하며 사는 것일 게다. 눈 질끈 감고 살면 이토록 편안한 것을 무에 그리 남의 시선을 의식하며 사는지 모르겠다. 살다가 신이 목숨이 다했다고 데리러오면 그대로 따라가면 되는 것을. 무에 그리 더 아름답게 가겠다고 발버둥인지 모르겠다. 오히려 그 모습이 더 추한 것을.

이 생각 저 생각 하다보니 깊은 골짜기까지 왔다. 나무 썩는 냄새가 골 안에 은은하다. 여기저기 죽어 넘어진 나무의 등걸에서 나온 냄새이리라. 누워 있는 나무의 잔해 옆에는 그것의 밑동이었던 그루터기가 썩어가고 있다. 한참을 들여다보던 나는 그 자리에서 살다가 수명이 다하여 그대로 누워 있는 나무의 삶이 그렇게 편안하게 느껴질 수가 없다. 신이 준 성명을 편안히 누리다가 다시 신의 품으로 편안히 갔을 나무. 저 삶이 진정 행복한 삶이 아니었을까.

 태어나는 순간부터 다른 이의 관심을 받고, 늘 그 속에서 숨쉬다가 죽는 순간까지도 그것에 얽매여 허덕이는 삶. 그것은 인간만이 가진 유일한 불행이란 생각이다. 살다가 죽음도 가볍게 받아들이기에 편안히 누울 수 있고, 자신의 몸을 후손들에게 넘겨주어 후손들의 자양이 되는 것은 자연의 순환 질서이다. 나무들처럼 이러한 순환의 질서를 부드럽게 받아들이는 것은 멋진 삶의 마감이다.

 인간은 우매하여 늘 남의 시선에 얽매이고, 그로 인한 고통을 참아내지 못하여 스스로 삶에 차단기를 내리기도 한다. 차단기를 내리는 순간까지도 그 시선에서 벗어나려 온갖 고민을 한다. 한 국가의 원수까지 지낸 사람도 차단기를 내리는 그 순간 경호원의 시선을 뿌리치려 고민했다. 그 분에게 늘 따라붙었던 시선이 얼마나 무거웠으면 극단적인 방법을 택했을까. 또 그 방법도 부엉이 바위에 오르는 일 외에는 할 수 있는 것이 하나도 없었을 것이다.

 국가원수면 뭐하고, 명예를 얻었으면 뭐하겠는가. 신에게 받은 생도 다 누리지 못하는 것을. 떠나는 순간까지도 다른 이의 시선에 허덕여야 하는 것을. 그보다야 제 숨쉬던 곳에서 목숨을 다하고 드러누운 나무토막의 주검이 훨씬 더 행복해 보인다.
 아무래도 오늘은 바윗돌에 앉아 자연의 말씀을 더 듣다가 내려가야 할 것 같다.

〈현대수필 2009년 가을호〉

숨어 우는 고양이

그 소리를 낮에 들은 적은 없었다. 내가 오피스텔에 도착하는 것은 거의 낮이었지만, 한 번도 고양이의 우는 소리를 듣지 못했다. 언제나 밤에만 찾아왔다. 한 해가 지나도록 이 오피스텔을 드나들면서 깊은 밤에는 고양이의 절규 소리에 시달려야 했다.

처음 이 오피스텔에 들던 날, 한밤중에 그 울음을 만났다. 몇 되지 않는 짐이라고는 해도 이사는 이사였다. 밀려오는 피곤으로 초저녁부터 자리에 누웠는데, 이상한 소리에 눈을 뜨고 말았다. 처음에는 그 소리가 고양이의 울음이려니 생각지도 않았다. 이 오피스텔은 이십오 층에 달하는 건물로 모두가 사무실로 사용한다고 들었기에 더욱 그랬다. 나처럼 피치 못할 사정이 있어 사무실 틈바구니에 살림집을 차린 사람의 어린아이가 우는가 보다 했다.

　그러나 횟수를 거듭하면서 분명 고양이의 울음이라는 확신을 갖게 되었다. 흠집 있는 음반의 망가진 소리를 거듭 들으면서 겨우 찾아낸 노래가사처럼 나는 그 소리가 고양이의 소리라고 단정해 버렸다. '야옹, 야옹' 들려오는 저 소리는 분명 고양이의 절규였다.

　한밤중에 어디인지는 몰라도 아주 가까운 곳에서 들려오는 고양이의 울음은 나의 편안한 밤의 휴식을 앗아갔다. 모두가 사무실로 쓰기에 밤이면 텅 비어 있어 을씨년스럽기까지 한데, 괴기스러운 고양이의 울음이 들리고 있는 것이다. 어떻게 해서 고양이가 이 고층의 건물 안에서 울고 있는 것일까. 누군가가 사무실에서 키우는 고양이도 있겠다고 하면서도 쉽게 속단할 수가 없었다.

　아침식사를 위해 나오면서 마침 생각이 나서 경비에게 물어보았다. 경비는 내 말에 고개를 갸우뚱하면서 전혀 그럴 리가 없다 한다. 이 건물에는 상주해 살림을 하는 사람은 없다고 잘라 말한다. 아직까지 자신이 순찰을 돌면서 고양이를 본 적도 없고, 울음을 들은 적도 없다며 나를 어딘가 좀 이상한 사람으로 바라본다. 그러면서 경비는 자신의 말에 확신이라도 주려는지, 이 건물이 지어지면서부터 오늘까지 경비를 맡아왔다고 덧붙인다.

　도저히 이해할 수 없는 일이었다. 내가 오피스텔에 들어 잠을 자던 날은 단 한번도 그 울음을 듣지 않은 날이 없다. 그런 나의 경험을 경비는 믿어주지 않는다. 만약 경비의 말이 맞는다면 나는 뭔가 모를 것에 홀려 있는 것이 분명했다. 별로 깊이 생각한 것도 아니었는데 경비의 말을 듣고 나니, 잠자리에 들었는데도 잠이 오질 않는다. 한참을 뒤숭숭한 생각에 잠 못 들어 있는데, 예의 그 절규소리가 들려온다. 나는 귀를 쫑긋하지 세우고 확인을 위해 모든 신경을 모았다. 분명 고양이의 울음이었다. 저 소리는 틀림없이 고양이에게서 내게로 오는 절규소리였다.

한참을 골몰하다보니, 고양이가 우는 시간이 정해져 있었던 것 같다. 오피스텔이 깊은 잠에 빠진 새벽 세 시쯤이었다. 거의 이 시간이었던 것 같다. 그 소리는 세상이 다 잠든 시간에 간헐적으로 들려왔다. 한참을 울다가는 멈추고 다시 들리기를 몇 번 하다가는 없어졌다. 지금 내가 머물고 있는 곳이 골목길의 어디쯤이라면 저렇게 고양이가 왔다가 갈 수도 있겠지만, 고층의 오피스텔을 감안하면 신기한 일이 아닐 수 없었다. 혹 계단을 통한 스쳐지나감일 수도 있어 나가 보니 계단문은 굳게 잠겨 있다. 그 날 이후, 한동안 오피스텔에서 묵을 일이 없어서 고양이의 소리는 잊고 살았다.

너무 팍팍한 일정에 몸에 무리가 왔는지 몸이 무거웠다. 어지간해서는 병원을 찾지 않는 나인데도 한번 검진을 받아봐야겠다는 생각이 들어 병원을 찾았다. 의사는 몇 가지 검사를 마친 후 대학병원에 가기를 권했다. 의외의 사태가 벌어진 것이다. 그동안 내 스스로 건강하다고 믿으며 살았는데, 그게 아니라는 것이다. 믿기지 않았지만 그래도 종합 검진은 해로울 것이 없다며 대학병원에 갔는데, 조직검사를 해야 한다는 의사의 통보가 내려진다. 순간 나는 멍멍한 기분이 들었다. 날짜를 잡고 의사의 지시에 고분고분 따라가기로 했다. 내 몸의 살점을 떼어내는 조직검사를 받으면서 나는 수술대 위에서 기도에 들어갔다.

"주님, 이 분들에게 지혜를 주시어 저의 병을 정확하게 판단하도록 해 주옵소서."

검사를 마치고 휴식을 취하기 위해 오피스텔로 왔다. 오피스텔에 들어서자 경비가 나에게 뭐라고 말을 했으나 전혀 들리지 않았다. 머릿속에서는 많은 생각들이 오고간다. 아직까지 한번도 생각해 보지 않은 죽음에 대한 생각이 절실하게 밀려온다. 잡지사에서 몇 차례 '가상 유언장'을 써 달라고 해도 쓰지 않은 내가 아닌가. 아직 먼 일을 가상해서 어쩌고저쩌고 하는 것이 사치스럽게 느껴졌기에 마다했던 일인데, 그게 눈앞에 와서 버티고 있는 것이다.

검진을 마치고 와서 자리에 누워 있으니 별의별 생각이 다 든다. 내가 처하게 될 앞으로의 시간들에 담담히 응하자고 다짐하면서, 우선 아내의 입단속부터 했다. 괜히 주위사람들에게 고통을 전할 필요까지는 없다 싶었다. 곁에서 아무 말도 하지 못하고 지키고 있는 아내의 표정이 안쓰럽다. 걱정이 되면 되는 대로 임할 일이지 아무렇지 않은 듯이 표정을 지어내는 모습이 더욱 나를 안쓰럽게 만든다.

"아까 경비가 뭐라 했어?"

"세 시쯤에 점검했는데 고양이는 없었대요."

아내의 표정도 그대로다. 분위기를 바꾸기 위해 경비 이야기를 꺼냈지만, 아내나 나나 매일반 걱정스러운 데에서는 탈출하지 못했다. 혼자서 앞으로 전개될 일들에 대해 고심하면서 자리에 누워 있으니 잠이 오지 않는다. 밤은 마냥 깊어 가는데 잠은 찾아주질 않고 나를 고뇌에 빠지게 한다. 그 때 마침 고양이의 울음이 날을 세우고 내 귀로 달려든다.

"야옹, 야옹."

순간 의외였다. 그 울음소리로 하여 나의 내세의 모습이 보이는 거였다. 이생에서의 죄가 커서 깊은 밤 잠 못 들고, 밖에서 헤매는 저 고양이. 절망의 늪에서 절규하는 저 고양이. 그건 바로 나였다. 갈 곳 없어 남의 눈에 보이지도 않고 남들 다 쉬는 시간에 홀로 우는 저 고양이. 잘못된 업보가 많아 숨어 우는 저 고양이처럼 미지의 세계에서 떠도는 영혼이 되어 있을 내 자신의 모습이 뇌리를 파고든다.

"야옹, 야옹."

〈계간문예 2007년 봄호〉

다시 산을 오르며

　　먼 데서 바라본 산이 나를 유혹한다. 갖가지 옷으로 치장하고 나를 부른다. 저리 호화롭게 치장을 하다니, 유혹에 빠지지 않을 수 없다. 어쩌면 저렇게 고운 색을 내뿜을 수가 있을까. 오랜만에 가진 여유를 산에게 모두 앗기고 만다.
　산을 오른다. 오랜만의 등산이다. 그리 바쁜 것도 아니었는데, 마음이 여유롭지 못했던 것 같다. 오랜만에 찾은 산은 내게 냉정하지 않다. 어제 만난 친구처럼 스스럼없이 대해 준다. 전에 왔을 때와 똑같이 내 눈을 끌어가기도 하고, 더러는 장난치듯 나를 힘들게 하여 땀도 흐르게 한다.
　가까이에서 바라본 단풍은 제 모습을 보여준다. 사람처럼 화장하지 않고, 본 모습을 보여준다. 먼 데서 보았을 때는 한 덩이의 사물처럼 붉게만 보였는데, 와서 보니 제각각이다. 빨강, 노랑, 파랑……. 없는 색이 없다. 갈바람이 찾아들자 제 자신의 모습을 숨기려 치마폭을 움켜쥐고 서두르나 들키고 만다. 온전하고 예쁜 것들 속에는 더러 까칠하게 마른 것도 있고, 벌레에 육신을 뜯기고 상처투성인 것도 있다. 그러나 그들은 별 상관없이 함께 어우러진다.

 이렇게 함께 어우러져 아름다움을 창출해 내는 단풍이 부럽다 못해 경건하게 보인다. 제 색을 고집하지 않고 함께 어울려 그리 아름다운 색을 만들어냈단 말인가. 자연도 이리 어울리며 사는데 우리 인간만이 제 목소리를 내려 안간힘을 쓰니 부끄럽기 그지없다.

 오르는 길은 언제나 내 숨을 몰아간다. 하지만 그때마다 산은 내 눈 앞에 더 가까이 와 어른거린다. 한 자는 가까이 다가서서 나를 반긴다. 허리 굽은 나의 신체는 엄살을 부려도 결코 엄살을 들어주는 법이 없다. 내 스스로 해결하기를 요구한다. 가던 걸음을 멈추고 숨고르기를 한다. 속에 든 묵은 찌꺼기를 모두 내보내고, 정기어린 산의 맑은 공기를 들이마신다. 그 숨길을 따라 신선한 공기가 가슴 깊이 파고든다.

 저만치 앞서 가는 사람이 부럽다. 나도 전에는 저렇게 힘 있게 올라갔는데, 나이는 숨길 수가 없는가 보다. 나무 그늘에 지친 몸을 맡기고 올라가는 젊음을 바라본다. 잠시 욕심에 찼던 내 눈에 들어오는 나무. 바위 위에 얹히어 목숨을 지키고 있는 것이 나에게 넌지시 훈계한다. 다른 나무들이 모두 산등성이 볕 좋은 곳에 있고, 자신만이 이 열악한 바위틈에 뿌리를 내리고 살아도 넘보지 않고 살았노라고 꾸짖는다. 만족하고 살아라. 잘났다고 뽐내지 말고, 못났다고 울지 마라. 옆의 친구의 자리를 탐하지 말고, 오로지 네 자신의 자리에 만족해하며 살아라.

다시 일어나 산을 오른다. 미끄러지기 쉬운 비탈길에 나무는 제 뿌리를 내어놓았다. 사람들이 오르기에 좋게 제 몸을 밟고 가라 한다. 제 몸에 아픔이 오고, 제 몸에 상처가 나는데도 기꺼이 내어 놓았다. 사람처럼 제 몸만을 위하여 제 가족만을 위하여 열중하는 것이 아니라, 다른 종족들을 위해서도 할애할 줄을 안다. 이웃 나무가 내 곁으로 뿌리를 내리면 빗겨 설 줄도 알고, 같이 오순도순 대화하며 살아갈 줄도 안다. 제 키가 크다 하여 뽐내는 것이 없고, 제 잎이 넓다 하여 자랑하는 법이 없다. 선들바람이 찾아오면 같이 맞이하고, 찬바람이 밀려오면 같이 떨면서 긴 밤을 지새운다. 낮에는 산새와 벗하고 밤에는 골짜기 물소리와 벗한다. 그러다가 풀벌레가 외롭다고 보채면 그들과 같이 시간을 보낸다.

거제의 산은 바다와도 같이 어울린다. 언제나 이웃은 바다이다. 그래서 멀리서 찾아오는 파도소리에도 소홀함이 없다. 늘 같이 맞아들여 함께 살아간다. 어쩌다 파도소리가 뱃고동소리까지 데리고 오면, 늘 함께 한 친구처럼 반갑게 맞아들인다.

그러나 사람들은 그렇지를 못하다. 제 자신만을 생각한다. 남의 자리를 탐하고, 저보다 나은 것을 시기하고 질투한다. 서로 어우르지 못하고, 헐뜯고 비방하기를 일삼는다. 제가 나설 자리와 숨을 자리를 구분하지 못한다. 그러다 보니 집단 이기가 횡

행하고, 검찰과 경찰이 맞서고, 과학자와 기자가 사람들 앞에서 시시비비를 따지겠다고 한다. 재단과 교사가 대치하고, 여당과 야당이 멱살을 잡고 자기네들이 옳은 선량이라고 떠드는가 하면, 보수와 개혁이 삿대질이고, 백인종과 흑인종이 싸우는 와중에 황인종의 얼굴빛도 덩달아 물든다.

  무리와 같이 가지 못하고 제 혼자 뛰어서 정상을 오르는 사람은 멋없는 사람이라고 산은 말하고 있다. 함께 어우러져 사는 지혜가 필요한 것이라고 넌지시 말하다가도 그런 사람이 나타나면 빙긋이 웃고 말 뿐, 정상의 자리를 내어주는 것이 산이다. 늘 남을 먼저 생각하고 배려하는 산, 그 산 앞에서 인간이기가 부끄럽다. 욕심 부리며 살아가는 인간들의 소리를 듣지 않으려 산은 이렇게도 멀리 떠나와 있는 것일까.

  오랜만에 산에 오르니 피곤하다. 많은 것을 깨달았으니, 다리가 좀 아프면 어떠리. 아픈 만큼 더 성숙할 수만 있다면, 이 또한 황홀한 즐거움이 아니겠는가.

〈2005년 12월〉

십일지국 +日之菊

　　가을이 익어간다. 나뭇잎이 바람에 날린다. 여기저기 바람에 낙엽이 밀리어 간다. 물끄러미 그 모습을 바라본다. 자연의 이치에 따라 순환하는 계절의 움직임이 신기하다. 많은 생명들이 볕을 싫어하면 나무가 이파리를 키우고, 추워서 볕을 갈망하면 그것들을 떨쳐버린다. 이렇게 신비로운 자연 앞에 건방떨며 사는 자는 누구인가.

　　국화를 기르기 시작한 지 벌써 십오 년이 되었다. 매년 반복해서 하는 일인데도 그렇게 쉬운 것만은 아니다. 종류에 따라 생리가 다르니 그 비위를 맞추기가 쉽지 않다. 나름대로 예의 주시하며 특징에 맞는 처방을 하나 엉뚱한 결과가 나오기도 한다.

　　국화 기르는 일은 연속해서 이루어진다. 우선 가을부터 얘기를 시작해야 할 것이다. 찬바람이 불기 시작하면 숲으로 들어가

참나무, 떡갈나무, 밤나무의 낙엽을 모은다. 국화를 기를 부엽토腐葉土를 만들기 위해서다. 모아진 것들을 집으로 옮기는 것도 쉬운 일이 아니다. 자루에 담아 옮겨온 나뭇잎을 한 자[尺] 높이로 쌓아올린다. 그 더미 위에 과인산석회와 쌀겨를 뿌리고 인분을 끼얹는다. 냄새가 지독하다. 다행히 외딴집이라 해도 언제나 이 일을 할 때면 걱정이 앞선다. 주위에서 항의가 들어오기 때문이다. 다시 나뭇잎을 덮고, 반복해서 켜켜이 쌀겨를 뿌리고 인분을 주면서 부엽토를 만든다. 이렇게 세 층을 쌓아 만들고는 장화를 신고 들어가 한참을 밟아준다. 그 다음 거적으로 덮어씌우면 부엽토를 만드는 작업은 마무리된다. 하지만 서너 달 간격으로 이것들을 뒤집으며 공을 들여야 좋은 부엽토가 만들어짐을 잊어서는 안 된다.

이뿐인가. 비토肥土를 마련하기 위해 논배미를 다니면서 논바닥의 흙을 긁기도 하고, 물 빠진 마른 연못의 바닥 흙을 퍼 오기도 한다. 뿐만 아니라 모래는 깨끗한 물에 헹군 다음 살균을 위해 삶기도 하고, 짚을 태워 짚재도 만들어야 한다.

배양 흙을 마련하는 것만큼 묘목 만들기 또한 쉽지 않다. 십일월쯤 밑뿌리에서 새싹이 올라오면 근분根分하기도 하지만, 여름에 잎이 쏟아지고 꽃송이가 작기 때문에 나는 꺾꽂이挿木를 즐기는 편이다. 꺾꽂이를 해야 꽃이 좋고 크며 잎이 실하기 때문이다.

꺾꽂이는 보기보다 그리 쉽지 않다. 그냥 국화의 순을 잘라내어 모래에 꽂으면 뿌리가 내리는 듯이 보여도 그게 아니다. 우선 모본母本의 월동에서부터 주의를 기울여야 한다. 물론 국화는 추위에 강하기에 기온의 변화에는 그리 신경 쓸 일은 아니지만, 너무 혹한이면 위험하다. 모본을 땅에 묻은 것은 그래도 안전하나, 화분에 그냥 둔 것은 자칫 실수하면 말라 죽일 위험이 있다. 관심을 늦추었다가 낭패한 경우도 많다.

　해동하면서 햇볕도 잘 받게 해 주고, 환기도 잊지 않는다. 잘 자란 줄기는 삽목하기 한 달 전부터 적심摘心을 해야 튼튼한 삽수를 얻을 수 있다. 삽목상자도 마련하여 배수가 잘 되도록 하고, 왕모래를 깨끗이 씻어 상자를 채운 후 삽목을 한다. 모본에서 잘라낸 삽수의 끝에 발근촉진제를 바르고 밑의 잎은 잘라낸다. 삽목상자의 모래 위에 가는 나뭇가지로 구멍을 내고 삽수를 꽂는다. 깊지 않게 꽂은 삽수가 흔들리지 않도록 조심하면서 상자를 그늘로 옮겨 놓는다. 좀 지난 후에 모래에 흠씬 배도록 물을 준다. 직사광선에 노출되지 않도록 한 주일 동안 그늘에 두었다가 조금씩 햇볕을 쪼여주기 시작한다. 점차 볕의 양을 늘리는 일은 긴장을 늦추지 않고 마음 졸이며 해야 한다. 국화는 볕의 변화에 민감하기 때문이다.

　얼마 후 뿌리내린 삽수를 작은 화분에 옮겼다가 두 번째 이식을 하여 뿌리를 더욱 튼튼하게 한 다음, 마지막으로 화분에 옮겨 정식定植한다. 이때의 흙은 비토, 부엽토, 모래, 짚재를 적당히 섞어야 한다. 모두 지난해에 만들어 둔 것들을 활용한다. 정식하면서 새로 나온 흰 뿌리가 다치지 않도록 각별히 신경을 써도 묘목이 상하는 경우가 허다하다.

국화 재배의 성공 여부는 어떻게 물을 주느냐에 따라 명암이 갈린다. 너무 많이 주면 뿌리가 상하여 죽게 되기 때문이다. 특히 긴 장마 후에 잎이 시들면, 뿌리가 썩고 있음을 말해 주는 것이다. 이것을 바라보는 고통은 참으로 견디기 어렵다.

잘 자라고 있는 국화도 수시로 관심을 가지고 순 치기, 순 따기, 적심 등에 게을러서는 안 되며, 꽃의 모양을 내기 위해선 지주와 꽃받침을 만들어 줄기를 유인하는 일에도 미적 감각이 필요하다.

이러한 긴 공정을 통하여 하나의 국화분이 완성된다. 아름다운 자태가 만들어지면 나는 자랑이나 하듯 사람들 앞에 내놓는다. 그때의 국화의 으스댐이란 그야말로 가관이다. 그동안 꽃을 피우기까지의 지나간 시간이 눈앞에서 어른거린다. 굵어진 손마디가 아려온다. 가슴 그 밑에 눈물이 고이기 시작한다. 처음 배양토를 마련하기 위해서 들인 시간은 얼마이며, 어린 순에서부터 실한 묘목을 거쳐 하나의 꽃을 피워내기까지 들인 공은 얼마였는가. 그래도 저렇게 좋아하니 다행이다.

국화의 저 만족해 함 속에는 나의 걱정이 서려 있다. 한번 피우고 말 꽃이면 왜 태어나는가. 다음에는 더 좋은 모습으로 관중 앞에 나서야 한다는 자신의 처지를 너무도 모르고 있다. 이 모습이 영원한 것이 아니고, 다시 꽃을 피우는 일이 반복되어야 하는데, 그걸 전혀 유념하지 않고 있다. 다음에 꽃을 피울 때에 제 홀로 할 수 있으면 얼마나 좋으랴. 그냥 두면 점차 퇴화하여 야생화로 돌아간다는 것을 알기에 이렇게 가슴 아파하는 것이다.

한편으로는 측은도 하고 한편으로는 야속도 하여 저만큼 밀어 놓으려다가도 미운 정 고운 정 남아 있어 챙겨주려 하니, 손사래를 치며 저만큼 도망간다. 많은 사람의 눈을 한데 모으니 그럴 만도 하다. 주위에서 저만한 것이 또 어디 있으랴. 제 한 몸의 호화로움으로 뭇 사람을 추억에 잠기게 할 수 있고, 제 몸에서 풍기는 향으로 뭇사람을 황홀에 빠지게 할 수도 있으니, 제 스스로 도취될 만도 하다.

그러나 십일지국十日之菊이라 했다. 며칠 못 가서 시들어버리고 말 신세를 저만 모르고 있다니. 이제 시들어가는 제 모습을 바라보며 눈물져야 한다는 것과 다시 제 구실을 하기 위해서는 농부의 손길이 또 따라야 함조차 모르고 있다니.

언제나 그렇듯 가을이 깊어지면 나는 논바닥에서 비토를 긁을 것이고, 낙엽을 모으고 냄새를 참아가며 인분을 끼얹어 부엽토를 만들 것이다. 또 겨울 동안 이 건방진 국화 순이 실한 묘목으로 돌아오도록 보살필 것이다. 비록 미운 정이 쌓였어도 어쩌겠는가. 내가 보살펴야 할 것이니. 다시 삽목을 하여 화분에 옮기고 순 치기, 순 따기, 적심에 힘쓰고, 열을 올리며 지주를 세우고 모양을 잡아갈 것이 분명하다. 그러나 매번 더 좋은 방법은 없을까 고민하겠지. 이번에 기르는 국화는 건방지지 않고 겸손한 것이 되기를 소망하면서.

그러나 다시 가을이 되면 십일지국이 되는 것을 어쩌겠는가.

〈수필과 비평 94. 2008년 3/4월호〉

음치의 노래

정원에 나서 본다. 창문을 비집고 들어온 풀벌레소리가 나를 끌어낸 것이다. 저 영롱한 소리. 내 능력으로는 딱히 무엇이라 그려줄 수조차 없는 저 소리. 어찌하면 저토록 아름다운 소리를 낼 수 있을까.

발아래 밟히는 감촉이 이상하다. 잔디의 감촉이 아니다. 언제나 내 발바닥에 부드러움을 전해주던 잔디. 그 잔디가 오늘 밤에는 서릿발처럼 느껴진다. 차가운 달빛이 흐르는 밤, 서릿발처럼 일어선 잔디가 나의 발을 거부한다. 서걱서걱 쿠서지는 소리까지 내며 거부한다. 이젠 가을이 깊었나 보다.

이렇게 잔디가 있는 정원에서 저녁의 시간을 즐기는 일은 가끔 있다. 구수한 차까지 동원하고 같이 앉은 사람과 대화를 나누기도 한다. 더러는 음악 하는 친구가 찾아와 색소폰도 불고

클라리넷도 연주한다. 그러면 정원의 모든 식구들이 일어서서 박수도 보낸다. 먼데서는 파도의 밀어가 달려오고, 바람을 타고 갈매기의 울음소리도 끼어든다. 온통 부드럽게 호응하는 소리들 뿐이다.

금년에는 옥수수 농사를 제법 많이 지었다. 종자도 그 동안 가지고 있던 것을 버리고, 무주에서 특별히 주문해 왔다. 알이 여물어 솥에 익혀낸 옥수수는 정말 맛이 좋았다. 탁자에 앉아 옥수수를 먹으며 달빛을 즐기기는 그만이다. 이런 때는 영락없이 어린 날의 추억이 고개를 들며 비집고 들어온다. 누가 뭐라 하지 않아도 가슴이 벅차오르는 밤이 된다. 달빛 아래서 수확한 옥수수의 겉껍질을 다듬는 손길에는 받는 이의 미소가 앉아 있다. 남는 옥수수를 지인에게 보내는 것도 하나의 보람이다.

옥수수를 수확하다 보면 제대로 크지 못하거나 벌레에 시달린 것도 보인다. 이런 것들은 골라내어 정원에 있는 바윗돌 위에 올려놓는다. 이 포만의 즐거움을 혼자 갖기에 미안하여 새들과 함께 나누고 싶어서다. 지나던 새들이 날개를 접고 옥수수 알을 먹으며 노래까지 한 곡 부르고 간다. 아침에는 까치가 찾아오고 저녁나절에는 비둘기가 다녀간다.

속 모르는 개는 저만치서 앓는 소리로 짖어댄다. 속 시원히 컹컹 짖는 것도 아니고 야릇한 소리를 낸다. 심사가 뒤틀린다는 뜻이리라. 일어서면 내 어깨까지 올라오는 녀석이 제 등치 값도 못하고 응석이다. 안다. 새들에게는 배려하고 왜 자기는 우리 속에 가두어놓느냐에 대한 불만이리라. 우리[籬]의 빗장을 풀어

주면 성큼성큼 달려오는 폼이 어설프다. 등치와는 다르게 내게 입맞춤을 요구하는 꼴을 보면 웃음이 절로 나온다. 이렇게 정원에 나와 있으면 시간의 개념을 상실한다. 달이 중천으로 올라가고 바닷바람이 한기를 전해주면, 그제야 자리를 털고 일어선다.

오늘 밤은 풀벌레소리가 높다. 잔디가 서릿발처럼 일어선다는 것은 가을이 깊어가고 있음이다. 저무는 달을 브며 술 한 잔을 해도 전과 같지 않다. 밤이 깊은 시간에 술에 절어 돌아오다 듣는 풀벌레 소리는 주정뱅이의 콧노래소리였다. 그런데 이곳으로 이사한 후로는 아무리 밤이 깊었거나 내가 술에 절어 있어도, 그렇게 들리지 않는다. 전에는 풀벌레소리를 들으면 '이놈들아, 그만 상다리 두드리고 놀아. 밤이 깊었어.'하고 소리치기 일쑤였다. 하지만 요즈음은 다른 것이다. 모두가 부러울 뿐이다.

사실 나는 음치다. 노래를 잘 부르지 못한다. 우선 노래라는 그 자체가 나에게는 부담으로 다가온다. 여럿이 모여 돌아가며 노래를 불러야 하는 때는 언제나 내 순서가 오는 것을 예의 헤아린다. 가까워 오면 자리를 털고 피하는 것이다. 그러다가 잡히면 언제나 하는 말이 있다. '마누라 훔치러 가서도 안 부른 노래여.' 더러는 양해도 받지만, 거의 음치의 형색을 드러내고 씁쓰레해 자리에 앉고 만다. 이럴 때는 으레 고성으로 사람들의 고막을 흔들어 놓는 것으로 의무를 다한다.

이런 나는 새들의 노랫소리가 부러울 수밖에 없다. 그 소리는 내 뇌리 속에 영롱한 불빛처럼 남아 수시로 음치임을 부끄럽게 한다. 이런 고운 소리만을 듣다 보면 언젠가 내게도 소리에 대한 감이 달라질 때가 오려니 하고 기다린다. 노래 선생님에게 차 한 잔 대접하듯 새를 위해 옥수수 알을 바윗돌에 올려놓는다. 그리고 그들이 자주 찾아주고 함께 하며, 오랫동안 노래를 불러주길 기대한다.

하루는 바윗돌에 있어야 할 옥수수 알이 주방에 와 있었다. 깜짝 놀라 어찌 된 일인가 알아보니, 일하는 아지매가 옥수수차를 만들면 좋다며 거둬 왔다는 것이다. 남의 심정을 알 리 없는 그녀는 솥에 넣고 훌훌 저어 볶아서 끓는 물에 넣으면 맛좋은 차가 된다고 손까지 내저어 보인다. 여기에 한 수 더하여 새들이 돌 위에 똥이라도 싸 놓으면 보기에 흉하다는 말까지 덧붙인다.

그녀의 동작 속에서 지난날의 나를 발견하고 고개를 끄덕인다. 그렇다. 나도 얼마 전까지는 저런 사고로 살아왔다. 사람은 자신의 처지에 따라 사물에 대한 인식이 확연히 달라진다. 먹고 살기 급급할 때는 쌀 한 톨, 옥수수 한 알이 내 목구멍으로 넘어가는 것을 헤아려야 했다. 하지만 내가 이 생활에 젖은 것이 얼마나 된다고 벌써 새에게 모이를 주고 있는 것인가. 정말 간사한 것이 사람의 마음이란 생각이 새삼스럽게 내 가슴을 누른다.

아지매가 남은 음식 챙겨서 떠난 후에 나는 옥수수 알을 바윗돌 위에 다시 펼쳐 놓으며 휘파람으로 새를 부른다. 밤이 되면 풀벌레소리는 내 곁을 찾아줄 것이다. 오늘 밤에는 누구와 함께 사치를 부려 볼까나. 오늘이 음력으로 열사흘이니 상현달이 유난히 더 좋을 것이다.

〈현대수필 2008년 겨울호〉

정지된 얼굴

 오늘도 버스는 달린다. 앞창으로 보이는 도로는 길게 뻗어 있다. 끝이 보이지 않고 멀리 내달리는 도로. 그리 급한 커브도 없고, 경사가 심하지도 않지만 굽을 곳에서는 굽고 오르막도 있어 도로면이 일어서는 듯이 보이기드 한다.
 언제부터인가 이 길을 달리고 있다. 처음에는 어떻게 시작했는지 기억에 없지만 오래 전부터 달려온 것 같다. 그리고 이 도로를 완주하는 데에는 얼마의 시간이 걸릴지 예측할 수가 없다. 여행하면서 목적지에 도착할 시간까지 재면서 달린다는 것은 멋없는 일이다. 아예 도착시간은 염두에 두지 말고 가는 것이 좋다. 언제가 되었든 도착하면 여행은 마무리니까. 그러니 차라리 도착시간을 모르고 가는 것이 훨씬 마음이 편하리라.
 아까부터 기사의 머리 위쪽에 걸려 있는 텔레비전에 시선을 주고 있다. 대담 프로인 것 같다. 게스트로 나온 여배우는 잘 알려진 사람이다. 특히 그녀는 오래 전부터 내가 관심을 가져오던 배우다. 그렇다고 특별한 무엇이 있는 것은 아니고, 연예인이면서도 별로 티내지 않아서 호감을 갖고 있는 정도다. 검소한 생활을 유지하며 자신을 잘 갈무리하는 것이 보기에 참 좋았다.

하지만 사춘기 시절에는 흠모하여 수첩 속에 사진까지 넣고 다녔다. 그 당시 왜 그리도 마음이 끌렸던지……. 그녀가 하는 행동은 모두 예뻤다. 아름다움의 기준은 모두 그녀에게서 나왔다. 길게 기른 생머리, 타원형의 얼굴, 메꽃 빛 피부, 그리 마르지도 않고 넉넉하지도 않은 체형, 쭉 뻗은 다리 등. 나의 여성을 바라보는 미의 기준치는 바로 그녀였다.

한 동안 그녀에 대한 흠모는 이어졌으나 삶에 시달리면서 저절로 잊게 되었다. 그런데 오늘 느닷없이 텔레비전에서 그녀를 만난다. 아름다운 모습은 아직 그녀에게서 떠나지 않고 있다. 온 몸에서 풍기는 아름다움이 나이가 들어 더 성숙한 모습으로 되살아난다. 내 가슴 속에서 그녀는 아직도 살아 숨쉬고 있었는지, 그녀가 풀어놓는 지난 세월이 마치 나와 같이 풀어야 할 일처럼 가깝게 다가온다. 질문에 대한 답변 내용도 그렇지만, 모습 역시 우아하고 아름답다.

버스는 긴 터널에 접어들었다. 저 앞으로 동굴이 보이지만 그 끝은 잘 보이지 않는다. 동굴에 갇힌 어둠을 버스의 전조등 불빛이 내몰기 시작한다. 그러나 그 빛은 버스를 피해 뒤로 빠져나간다. 그리고는 천장에 붙어서 졸고 있는 전깃불을 깨운다.

한참을 달렸으나 아직도 터널의 끝은 보이지 않는다.

바라보던 텔레비전 화면이 정지한다. 순간 당혹에 빠진다. 화면 안에서 다소곳이 이야기하고 있던 여배우의 모습이 굳어버린다. 그런데 그 장면이 상상을 초월한 모습이다. 지금까지 그녀에게서 한번도 보지 못한 야릇한 표정을 지으며 멈춰 있다. 정숙하기만 하던 모습은 하나도 없고 요부의 모습이다. 입술은 앞으로 조금 내밀어서 뭇 사내의 입술을 탐하고 있고, 짧은 치마에 다리를 야릇하게 꼰 자세는 사내들의 뇌리 속에 더 깊은 곳을 상상하게 만들고 있다.

저 여배우에게 저런 모습이 있었다니, 정말 뒤통수를 맞은 기분이다. 터널이 계속되면서 빈 화면은 잡히지 않는 전파를 설명하고 있었지만 내 머릿속에서는 그녀의 야한 모습이 지워지질 않는다. 오히려 더 선명한 이미지로 내 뇌리에 잔영이 자리를 잡고 앉는다.

그녀의 야릇한 모습이 머릿속에 꽉 차 있을 때에 버스는 터널에서 기어 나왔다. 긴 굴에서 나오자 화면은 다시 정상으로 돌아와 그녀는 이야기를 계속하고 있다. 언제 그런 모습이었느냐는 듯이 다시 우아한 모습으로 질문자의 말에 답하고 있다. 조금 전처럼 야릇한 미소를 풍기며 입술을 내밀지도 않고, 정숙한 자세로 앉아 있다. 그 모습엔 급히 수습한 황망함이 남아 있는 것도 아니고 우아함만이 내포되어 있다. 다시 다정다감한 여인으로 시청자들의 앞으로 다가서는 모습. 역시 아름다운 여인이다.

한순간 혼미했던 것이 그녀의 정숙한 모습에 쫓겨나가고 있다. 그러나 내 머리 속은 혼돈을 정리하기에 바쁘다. 버릴 것은 버리고 간직할 것은 추려내기에 정신이 없다. 흠잡을 데 없는 여인의 삶에서 찰나의 순간을 잘라내어 확대시킴으로써 엉뚱한 몰골로 만드는 것이 이 사회가 아니던가. 정말 어처구니없는 꼴이었다. 본질과는 전혀 다른 모습이었다.

이어지는 동영상을 한 순간 잘라내면 이 같이 엉뚱한 결과를 유발할 수 있다. 이 같은 현상이 어찌 순간의 영상에 한한 문제일까. 세상의 이치도 다 그러할진대. 진실을 한쪽에서만 보고 속단했다가는 엄청난 오해를 가져올 수 있다. 세상을 통째로 보는 것은 지혜로운 일이다. 한곳만 뚫어져라 바라보는 자신의 시선이 세상에서 가장 정확한 것이라고 생각해 온 지난날의 우매가 이 순간 가슴을 쓸어내리게 한다.

지금까지 여행하면서 무수히 많은 세월 동안 정지된 얼굴을 보아왔다. 그런데도 한번도 그것을 일그러진 화면이라고 생각하지 않았다. 당연히 저런 면도 있겠지, 하며 살았다. 오늘에야 내가 익히 알고 있는 여배우의 정지된 얼굴을 보고서야 그것의 터무니없음을 터득한다. 우리의 삶도 그러리라. 다만 도로를 달리면서 정지된 화면이 나타날 때마다 좋은 장면만 남아 있기를 소망해 볼 뿐이다.

〈수필과 비평 100, 2009년 3/4월호〉

하루살이가 되어

— 내게 날개를 달아준다면.

그래, 누군가가 능력이 있어 나에게 날개를 달아 준다면, 한 마리 하루살이가 되고 싶다. 나를 기특히 여겨준 그에게 누가 되지 않도록 단 하루만 살고 가는 하루살이 말이다. 여러 해를 살며 세상을 어지럽히고, 번뇌 속에서 허덕이는 것보다야 훨씬 나을 것이다. 그러다가 자신에게 맞는 사랑이 나타나면 그 사랑을 위해 불속에라도 뛰어드는 하루살이가 되고 싶다.

비록 유충으로 차가운 물 속에서 긴 세월 산다 해도 단 하루의 환희를 위해 사는 그를 닮고 싶다. 성충이 되어서도 남들이 활개 치는 대낮에는 모든 것 다 내려놓고 깊은 그늘에 숨어 있다가 날 저물녘에 나와 세상 구경 살짝 하고 떠나는 하루살이가 되고 싶다. 벌건 대낮에 제 허물 모르고 으스대는 것들보다야 훨씬 낫지 않은가.

  지나온 세월을 되돌아보면 얼마나 실수투성이였던가. 보잘것 없는 재주로 남들 앞에 서서 뽐냈지만, 그게 다 어릿광대짓이었다. 빛으로 나오면 나올수록 자신의 허물이 만천하에 드러난다는 진리도 모르고 허우적거린 꼴이 부끄럽다. 그걸 왜 모르고 이제야 깨닫는 것인지 낯 뜨거운 흔적들만이 눈에 어린다.

  벤치에 앉아 가을 저녁나절을 헤매고 있다. 과수들은 커다란 열매를 익히는 시간에 나는 방향도 잡지 못하고 번뇌에 싸였다. 사고의 진전은 전혀 이루어지지 않고 현실을 맴돌고 있는데, 속에서는 열기가 더 솟아오른다. 번뇌를 지우려면 체내에 있는 분함의 열기가 식어야 할 텐데 오히려 솟구치고 있는 것이다. 주체할 수 없는 열기로 나는 한 동안 그 자리에서 벗어나지 못한다. 그토록 서운할 수가 없다. 모든 것을 다 내려놓자고 자신을 달래도 그게 아니라는 손사래가 멈추질 않는다. 끓어오르는 열기를 어쩌지 못하고 헤매던 그 순간 내 눈으로 파고든 것은 하루살이였다.

  이 무모한 몸짓에 나는 허덕인다. 한 마디 예고도 없고, 접근을 알리는 전주곡도 없이 다가온 하루살이. 받아들일 준비도 없는 내게 나타난 하루살이의 갈망에 나는 아연해한다. 내 눈에 들면 틀림없이 제 한 목숨 다한다는 것을 알면서도 감행한 것일까. 오로지 사랑 앞에 전력투구하는 용기만이 있어 앞을 내다보지 못한 것일까. 여하튼 그 몸부림이 가상하다.

  하루살이는 상대방의 되돌아오는 사랑을 요구하지 않는다.

상대가 나를 얼마나 아껴주고, 내 사랑에 보답해 오는가를 헤아리는 법이 없다. 오직 자신이 사랑하고 싶으면 제 혼자 무섭게 사랑할 뿐이다. 결코 상대의 현실을 넘보거나 상대의 조건을 따지지도 않는다. 계산 빠른 인간들처럼 상대의 조건을 헤아림도 없다. 아무리 짧은 생이라 해도 제 한 몸을 던져버리는 그 정열과 용기가 부럽다.

눈에 든 하루살이의 정열적이고 용기에 찬 사랑을 부럽다 하면서도 나는 타산적인 인간이기에 정녕 받아들이지 못하고 있다. 나 또한 날개를 달면 하루살이처럼 물불 가리지 않는 사랑을 해 보리라 하면서도 그 사랑 앞에서는 외면하고 만다. 어느새 손이 눈두덩을 문대고 있는 것이다. 뭉개진 하루살이의 주검을 밀어냈지만, 아직도 내 눈 속엔 그의 흔적이 남아 까칠한 여운을 갖는다.

그 까칠한 자극에서 벗어나지 못한 나는 고민한다. 나도 하루살이처럼 사랑할 수 있을까. 도저히 용기가 나질 않는다. 그러나 그가 분명 부럽다. 상대가 나를 깊이 헤아려 주든 말든 그건 문제가 되지 않는 사랑. 자신이 마음에 두고 싶은 사람이 있으면 단 하루일망정 가슴에 품고, 종내에는 제 한 몸까지도 던져 사랑하는 하루살이. 비록 그것이 짝사랑에 멈추고 절망에 떨어지는 경우가 되더라도 제 마음껏 사랑을 키울 줄 아는 하루살이. 나에게 날개를 달아준다면, 정말 하루살이가 되어 그런 사랑을 한번 해 보고 싶다.

이 순간 나는 진정한 삶이 무엇인지를 가늠한다. 그것은 결코 긴 삶이어야 할 필요도 없고, 요란하거나 호화로울 필요는 더더욱 없다. 오로지 하나의 뜻 앞에 모두를 바쳐서 노력하는 삶이 가치 있는 삶이라는 것을 터득한다. 그 일이 크든 작든 자신의 모두이면 되는 것이다. 그 길이 내가 갈 길이라면 최선을 다해서 가면 그만이다. 목표지점에 도달하려 하겠지만, 굳이 도달하지 못한다 해도 마음 아파할 일이 아니다.

 단 하루를 살아도 한 가지 만족할 만한 것이 있으면 되는 것을. 맑은 눈동자만 보아도 자신의 몸을 던져 사랑할 줄 아는 하루살이처럼 그렇게 살면 되는 것을. 무에 그리 아쉬움이 많아 세상사에 끼어드는가. 무에 그리 욕심이 많은가, 어리석은 사람아.

 내게 날개를 달아준다면, 기꺼이 한 마리의 하루살이가 되고 싶다. 하루살이가 된다면, 정말 그의 삶을 그대로 살고 싶다. 그에게 인간의 사욕에 찬 모습을 옮기지 않고 하루만 살다 가리라.

〈문학미디어 2007년 가을호〉

제2부

그녀 내게서 떠나다

안개의 저편
마디
숨바꼭질
아소산阿蘇山
딱지치기
야수野獸
그녀 내게서 떠나다
매화를 기르며
나도족의 50수
죄의 안과 밖
딸년의 반란
떡잎이 갈라지는 것은

안개의 저편

집을 짓고 이사했다. 뜰에는 잔디를 심고, 조경의 기틀은 종려나무에게 맡기어 이국정취를 풍기게 했다. 그 틈새로 여기저기 과실수를 꽂고 여유를 즐긴다. 전에부터 생각한 고향의 진달래와 할미꽃도 구해 심고 나니 감회가 남다르다. 고향에서 캐어온 것들에는 그곳의 흙이 붙어 있어 그냥 진달래와 할미꽃이 아니다. 내 고향 흙을 끌어안고 있으니 단순히 식물로 멈추질 않는다. 고향의 상징물처럼 느껴진다. 앞으로 시간을 두고 고향의 야생화를 하나씩 옮겨와 조그마한 망향의 동산이라도 만들고 싶다.

뜰의 여유를 모두 식물로 채우기도 뭣하고, 더러는 살아 움직이는 기분을 돋우기 위해 개의 짖음도 동원하고자 모퉁이에 작은 집을 하나 마련했다. 아담하게 만든 개집의 지붕에는 내 집에서 남은 것을 얹어서 제법 그럴싸하다. 정원의 푸름 속에 끼어든 이것은 보기에도 잘 어울린다.

 마침 길을 지나다가 들른 제자가 정분으로 자기 집 개를 한 마리 내 집 식구로 넘겨주었다. 그 제자는 집에서 여러 마리의 다양한 개를 기르고 있었다. 그 중에서 사냥개로 제법 족보 있는 개라며 넘겨준 것은 기골이 뚜렷하니 의젓해 보였다. 털빛에서도 윤기가 돌고 귀공자 타입이었다. 그러나 나는 그 개의 품종이 귀에 들어오지 않았다. 그냥 개였다. 낯선 사람이 오면, 알려주는 개이면 된다는 내 사고가 귀담아 듣지 않게 했는지도 모른다. 사냥이나 다닐 한가한 주인을 만난 것도 아니니, 집이나 지켜주면 그만이다.

 그런데 이사한 지 두 달도 되지 않아서 벌써 개집의 주인이 바뀌었다. 족보를 내걸고 오신 견공께서는 금시 나를 후회하게 만들었다. 한달이 다 되도록 자신의 그 웅장한 목소리를 들려주지 않았다. 낯선 사람이 와도 짖기는커녕 배만 깔고 낮잠만 자는 것이다. 더러는 빈 공간의 정적을 무너뜨리는 큰 울음소리를 듣고 싶었는데, 그것은 사람의 소망사항이지 견공에게는 무관한 일이었다. 먹성은 좋아서 그릇에 먹이가 남아 있는 꼴을 보지 못했다.

 정말 상전이었다. 먹이가 없으면 역부로 밥을 해서 갖다 바쳐야 하고, 수시로 내어놓는 것은 보기에 흉하여 치워드려야 한다. 매일 배나 깔고 주무시는 견공의 시중에 지친 나는 결국에는 포기를 선언하고 말았다. 나의 포기는 인내의 부족에서 온 것은 아니었다. 날로 비대해가는 견공께서 짖지도 않으니, 오는 사람마다 복날을 헤아리고 된장이나 바르자며 침을 흘리니 더 이상 내 곁에 두고 모실 수가 없었다. 솔직히 말하면 견공은 직무유기였다. 낯선 사람이 오면 짖으라고 모셔왔는데, 한번도 짖지 않은 죄로 쫓겨 가고 말았다.

다음 날 집에 돌아오니, 이번에는 조그마한 영국산 비글이 개집의 주인으로 와 있었다. 쫓겨난 이유를 들은 제자는 가장 잘 짖는 놈으로 하나 골라다 놓았다. 그 소리도 제 체구에 비해 우렁찼다. 집안이 울릴 정도로 소리를 들려줌으로써 우리의 무료함을 깨워주기도 했다. 외모야 먼저 다녀가신 견공에 비교가 되지 않지만 그래도 울음소리를 들려주니 다행이다. 집안이 좀 살아나는 기분이었다. 커다란 공간에 아내와 단 둘이 있으려니 무료하기 그지없었는데, 개 짖는 소리가 이따금 정적을 깨어 주어 좋았다.

개의 짖음으로 누가 왔나 하고 밖으로 나와 보면 아무도 없었다. 왜 그리 짖었느냐고 옆에 가서 동정을 살펴도 알 수가 없었다. 쓰다듬어 주면 꼬리를 치며 애교만 떨 뿐이다. 그런데 짖은 이유는 엉뚱한 데서 드러났다. 고양이였다. 자연석을 쌓아놓은 틈에 숨어 있던 고양이가 기어 나와 줄행랑을 놓는 것이었다. 개는 고양이에게 한 치의 양보도 허락할 수 없다는 듯이 짖어댔다.

한번은 서재에 있는데 개 짖는 소리가 들렸다. 밖을 내다보니, 녀석은 엉뚱하게도 집 앞 들판을 향해 짖고 있었다. 들판에는 아무도 없었다. 무섭게 짖어대는 모습이 하도 진지하여 눈을 뗄

수가 없었다. 한참을 찾아보니, 들판에서 까치가 먹이를 찾고 있었다. 까치 때문이었다.

"이 집 개는 왜 이리 순해?"

문을 밀치고 들어선 사람은 오래 전부터 이사한 내 집을 한번 방문하겠다던 친구였다.

"아니, 개가 안 짖었어?"

그러고 보니, 이 개는 사람을 보고는 짖은 적이 없는 것 같다. 낯선 사람이 오면 짖는 것으로 알았는데, 그게 아니었다. 사람으로 인하여 짖은 적이 없었다. 오직 고양이나 까치가 나타나면 짖었던 것이다.

보름달이 휘영청 밝은 밤이었다. 신비스러운 달빛 속에서 개는 방문객을 맞아들이고 있었다. 동네의 개가 찾아오자 조용히 그를 맞아들여 뭔가를 속삭였다. 그 동작은 너무도 유연했다. 그동안 늘 해 오던 일을 순리에 따라 하는 듯이 보였다. 서로 몸에 스킨쉽하는 모습이 자연스럽다. 이곳에 온 지가 며칠 되지 않았는데 제 무리를 경계하지 않고 맞아들이는 개를 보면서 나의 높은 성을 깨달았다.

이 세상에서 제 무리를 경계하고 의심하는 것은 사람뿐이 아닐까. 대부분의 동물들이 제 무리를 만나면 감정을 섞기에 여념이 없을 때에 우리 인간만이 성을 쌓아올리고 있다. 그리고 그 성 안에서 안주하며 다른 사람의 접근을 막으려했던 것 같다.

왜 나는 사람이 사는 집을 짓고 그 속에서 살면서, 사람의 접근을 개가 막아주기를 소망했을까. 느닷없이 손에 잡히는 인간의 이기가 나를 당혹하게 한다. 제 무리가 접근해 오면 그보다 즐거운 일이 없었을 텐데, 인간은 그것을 오히려 차단하려는 욕망을 갖고 살아왔다는 생각이 슬며시 고개를 든다. 모든 것은 제 나름의 가치기준에 따라 행동하고, 제 나름의 생각에 따라 중요도에 차별을 둔다. 그리고 그 기준으로 행동한다. 개를 통해 사람의 접근을 막으려한 것은 그 만큼 사람들에 대한 불신의 그림자가 컸기 때문이리라. 이 아침의 짙은 안개는 언제쯤에나 개려나.

〈수필과 비평 89. 2007년 5/6월호〉

마디

나는 우리나라 죽순의 대부분이 생산되는 거제도에서 살고 있다. 한동안 많은 사람들의 사랑을 받던 죽순은 중국이나 동남아시아에서 들어오는 수입품에 밀리어 이제는 사양길에 접어들었다. 생산가마저 건지지 못하는 터라 농촌에서는 이것을 파내기에 급급하다. 차라리 다른 작물을 경작하고 싶은데, 땅에 견고히 뿌리내린 대나무가 애물이어서 골치를 앓고 있는 실정이다.

제거되는 대나무를 바라보면서 나는 그 때마다 한고조漢高祖 유방劉邦에게 처절히 뽑혀나간 명장 한신韓信을 떠올린다. 그토록 충복으로 믿었던 부하 장수를 천하통일 후엔 없애버리는 권력가들의 작태를 보는 듯하여 마음이 서글프다. 한신인들 그 상황에서 뭐라 말할 수 있었겠는가. 그가 할 수 있는 말은 오직 토사구

팽兎死狗烹, 이 한 마디뿐이었으리라.

　제거되는 입장에서 보면 자신이 버려졌다는 아픔보다 더 큰 것은 없을 것이다. 잘못이 있어서 도태 당할 경우야 그렇다 쳐도, 아무런 잘못도 없이 내쳐질 때는 그 아픔을 견디기가 힘들다. 그럴 때는 마음을 같이 했던 시절의 '첫 마음'을 떠올리게 된다. 처음 시작은 같은 생각이었는데, 그것이 순간의 조그마한 이득 앞에 생각을 달리 한 것이 드러날 때면 더 이상 참아내기가 어렵다.

　첫 마음. 이 말에는 변하지 말라는 뜻이 더 무겁게 내재해 있다. 물론 이재에 눈이 어두운 인간들에게 경종의 말이 되기도 하지만, 나태에 떨어지는 인간에게도 한 몫을 한다. 처음에 가졌던 마음을 끝까지 지탱하지 못하는 나약한 의지 앞에 언제나 나서기를 좋아하는 말, 그 말이 '첫 마음'이다.

　기축년 새해 새아침이다. 이 아침에 나는 새로운 각오를 한다. 금년에는 어머니께 더욱 가까이 가서 즐거움을 나누리라 다짐도 해 본다. 일상의 많은 시간을 성당에서 보내고자 한다. 그러나 골똘히 떠오르는 구체적인 행동의 지침이 없다. 그냥 막연한 생각일 뿐이다. 왜 그럴까.

　나에겐 '새'의 의미가 별로 크지 않다. '새해', '새 아침', '첫 걸음', '첫 마음', '첫 결심'—이런 어휘들은 사람들의 의식 속에서 자의적으로 만들어지는 것이란 생각이다. 마치 대나무의 매듭처럼 일상 속에 매몰되는 우리의 나태를 움켜잡기 위해 마디를 형성한 것이 설이고, 명절일 것이다. 연속인 사람의 삶을 일년을 단위로 쪼개어 놓고, 그 시작하는 날에 결심을 하게 하고, 그 결심에 '첫 마음'이라는 표찰을 붙인 것이 인간이다.

대나무가 반듯하게 커 갈 수 있는 것은 마디가 있기 때문이다. 만약 그 마디가 없었다면 대나무는 굽는 허리를 바로잡지 못하였을 게 분명하다. 이와 같은 이치를 영악스러운 인간이 알아차리지 못할 리 없다. 그래서 만들어 놓은 것이 삶의 매듭인 한해이고, 그 시작 앞에 '첫 마음'을 요구한다.

이제 내 자신을 고백할 순간이 되었다. 첫 번에 가졌던 마음을 지속적으로 유지하기 위해서는 수시로 그 마음을 채근할 매듭 같은 기회가 있어야 한다.

"지금 이 순간, 나는 백 미터 달리기 출발점에 서 있는 거야."

언제나 이런 마음으로 시작한다. 매일 아침, 눈을 뜨면서 자신을 세뇌한다. 지난 세월은 되돌아보지 않으려 노력한다. 앞으로 달려가야 할 백 미터만 바라본다. 내 몸에 남아 있는 모든 힘을 모아 달려가면 그만이다. 이것이 내가 첫 마음을 끝까지 유지하며 살아가는 방책이다.

수시로 자신을 성찰하고, 그 순간이 내 삶에 있어서 백 미터 출발 지점으로 하는 데에는 이곳의 대나무가 크게 한몫했다. 대나무가 가르쳐 준 지혜를 오늘도 가슴에 새긴다. 그래, 이 순간 나는 백 미터 달리기 출발점에 있어. 땅! 뛰자. 내가 달릴 내 삶을 위하여.

봄이 오면 정원에 대나무를 한 주라도 심어야겠다. 그리고 늘 매듭을 만드는 지혜를 익히고, 첫 마음을 지키는 슬기를 배워야겠다.

〈경향잡지 2009년 1월호〉

숨바꼭질

　숨바꼭질을 한다. 학교에서 돌아와 어스름이 찾아올 무렵까지 우리는 숨바꼭질을 한다. 어둠이 내려 천지가 아예 숨을 곳이 될 때까지 우리는 그렇게 숨바꼭질을 하면서 놀았다.
　술래가 된 친구를 한번 쳐다보고는 이내 숨을 곳을 찾는다. 헛간의 구석에도 숨어보고, 뒷간의 모퉁이에서도 숨을 곳을 찾아본다. 헛간의 그 텁텁한 공기도 모르고, 뒷간의 그 고약한 냄새도 느끼지 못한 채 파고든다. 오직 술래가 찾지 못하게 숨으면 되는 것이다. 부엌의 나뭇간 뒤에도 숨고, 뒤뜰로 돌아가는 모퉁이에 숨었다가 술래보다 먼저 진지를 찍으면 된다.
　술래가 되었을 때는 손으로 눈을 가리고, 하나에서 스물까지를 세고는 숨은 사람들을 찾아 나선다. 동무들이 몸을 숨길 시간인 스물을 세는 일은 그리 어렵지 않다. 그렇다고 손가락 사이로 실눈을 뜨고 훔쳐보거나, 숨는 동작에서 나는 소리를 귀담아 들으려 하지도 않는다. 그 시간이 그렇게 편할 수가 없다. 충분히 숨을 시간을 주고 편한 마음으로 친구를 찾아나서도 되는 일이다. 스물을 다 센 후 가장 가까운 곳에서부터 서서히 찾아나선다. 그러다가 숨은 친구를 발견하면 얼른 돌아와 진지를 찍으면 되는 것이다.

 술래가 된다는 것. 어쩜 그것은 다른 친구들에게서 떨어져 나와, 나 홀로 외톨이가 되어 견디는 방법을 터득하는 기회인지도 모른다. 스물을 세고 눈을 떠 보면, 다들 숨어 버리고 난 뒤의 허허로운 마당만이 남아 있다. 그 누구도 인기척 하나 들려주지 않는다. 모든 친구들에게서 나 홀로 버려진 것 같은 느낌이 든다. 순간 고독이 밀려오고 소외감에 잠시 떨어야 할지도 모른다. 집에서 같으면 어리광을 피우며 울음이라도 터뜨릴 만한 외로운 상황이지만, 우는 아이는 아무도 없다. 혼자 있음으로 하여 방황을 할 수도 있지만, 결코 그러지 않는다. 임팔라처럼 어리석지는 않은 것이다.

 요즈음 아이들에게 세상에서 가장 무서운 동물을 대라 하면 무엇이라고 할까? 아마 사자나 호랑이를 말할 것이다. 그들은 제 무리에게서 유기당한 사슴인 임팔라가 가장 무서운 동물이라는 것을 알 리가 없다. 무리에서 내쫓기어 혼자 된 임팔라는 사자든 호랑이든 닥치는 대로 적의를 품고 달려든다. 가장 무서운 동물은 힘의 강약에서 가려지는 것이 아니라, 지금 어떠한 상황에 처했느냐에 따라 그 힘이 배가되는 것이다.

 술래의 경험은 이와 같이 절대 고독 속으로 추락하는 데에서 벗어나는 슬기를 가르쳐 준다. 견딜 수 없는 소외감이 밀려와도 참고 인내하는 끈기를 배우게 한다. 한번 술래가 되어 숨은 친구들을 찾아다니다가 언제나 진지를 먼저 빼앗겨 계속 외톨이로 남더라도 울지 않는다. 여러 차례 술래에서 벗어나지 못해도 결코 화내는 법이 없다. 또 계속 술래가 되지 않는다고 해서 즐거워할 일도 아니다. 그냥 자신에게 주어진 일을 해 나갈 뿐이다. 그러면서 우리는 외톨이로 견디는 방법을 배우고 익힌다. 친구들과 함께 어울려 노는 방법도 터득한다.

숨바꼭질을 하면서 우리는 멋스러움이 무엇인지도 알게 된다. 숨은 사람 중에 다리가 불편한 친구가 있으면, 그를 찾지 않고 눈을 슬쩍 감아도 준다. 또 그 아이가 술래가 되면 쉽게 찾을 수 있도록 엉덩이 한 쪽을 내밀어 놓기도 한다. 이렇게 어려서부터 해 온 숨바꼭질은 우리가 세상을 살아가면서 베풀고, 눈감아주고, 덮어 주며 사는 슬기를 가르쳐 주었던 것이다.

요즈음에는 아이들이 숨바꼭질을 하지 않는다. 그들의 주위는 언제나 밝기에 숨을 곳이 없다. 낮에도 전깃불을 켜고 앉아서 논다. 밤이 이슥하도록 불을 밝히고 사니, 하루 종일 밝음에 노출되어 있는 꼴이다. 설령 숨바꼭질을 하고 싶어도 할 수 없는 세상이 된 것이다.

아침에 눈을 뜨면서 컴퓨터에 매달린다. 모니터 속을 하루 종일 헤매고 쏘다니기만 한다. 그 속에는 온통 발가벗은 모습들만이 있다. 알몸이 되어 징병검사를 받는 장정처럼 우두커니 서 있는 나의 모습이 오히려 더 불쌍하게 느껴진다. 그들은 사이버

공간에서 거리낌 없이 알몸으로 뒹굴고 있다. 남녀가 엉켜서 신음소리도 내고 있다. 한 치의 부끄러움도, 쑥스러움도 없는 것일까. 그 속에는 가려진 천속의 진실이 더 멋스럽고 아름답다는 것을 차마 알지 못하는 사람만이 득실거린다. 아무리 외투 깃을 움켜쥐고 들어가도 이내 벗겨지고 마는 곳이 그곳이다.

  숨바꼭질을 하지 못한 아이들. 이 아이들은 임팔라와 같은 경우가 아닐까. 술래가 되어 절대 고독 속으로 추락하는 데에서 벗어나는 슬기도 배우고, 무리에게서 이탈된 소외감을 삭히는 방법도 알게 해 주는 숨바꼭질. 그런 과정을 익히지 못하고 자란 아이들. 이 아이들에게 숨는 방법과 찾는 방법 그리고 눈감아 주는 방법을 가르쳐 주어야 하지 않을까. 아이들이 멋스럽게 온전한 사람으로 커갈 수 있도록 어른들이 배려해 주는 지혜가 필요한 때인 것 같다.

  세상이 밝아진 만큼 사람의 마음도 맑아졌다. 그러나 결코 살기 좋은 세상이 된 것은 아니다. 아무리 세상이 밝아지고 환경이 좋아졌다고 해도, 나는 그것을 믿고 싶지 않다. 어찌된 일인지 사람들의 모습은 더 피곤하고 삭막해 보일 뿐이다. 때로는 제 모습을 감추고 싶을 때에 숨을 곳이 있어야 하고, 어려운 사람에게는 눈을 질끈 감아주는 미덕도 있어야 한다. 숨바꼭질이라는 놀이조차 알지 못하는 아이들에게 이 놀이를 가르쳐 주고 싶다. 우리 아이들이 숨바꼭질을 통해 정을 키우며 사는 사람으로 자라나게 하고 싶다.

〈호서문학 38. 2006년 겨울호〉

아소산 阿蘇山

아소산阿蘇山의 나카다케中岳 분화구. 그것은 좀처럼 자신의 모습을 보여주지 않았다. 여러 번 이곳을 찾았으나, 한번도 볼 수가 없었다. 활동 중인 화산이라는 데에 무척 호기심이 일었다. 영화 속에서 공포의 대상으로 다가왔던 화산. 불을 뿜는 분화구의 모습은 상상도 되지 않았다.

분화구 안에서 불기가 솟는 모습을 내 육안으로 바라볼 수 있다는 말에 규슈九州 여행의 핵심은 바로 이거라며 기대했다. 벳부別府에서 아침식사를 할 때도 마음은 이미 아소산에 가 있었다. 귀청을 울리는 지겨운 매미소리도 내 기대를 흔들어놓지 못하였다. 호텔을 빠져나온 버스가 계곡으로 숨어든다. 얼마나 지났을까. 짙은 안개가 산허리를 감아 돌더니, 비가 내리기 시작한다. 아소산에 가까워질수록 비는 더욱 심하게 퍼붓는다. 스멀거리는 불안을 꾹 누르며, 빗줄기가 부딪는 차창에 '화산'이라 써 본다. 자연의 신비를 본다는 것이 그리 쉬워서야 되겠나 하면서도 아쉬움은 여전하다.

앞을 바라볼 수조차 없도록 퍼붓는 빗속을 감히 헤치고 나갈 엄두가 나질 않았다. 아쉬움에서 바라본 아소산의 나카다케 분화구는 형체도 볼 수가 없다. 거무칙칙한 구름 속에 숨어 버렸다. 터미널 기념품 가게에서 사진첩 하나를 고르고 내려오면서 아쉬움은 원숭이 쇼로 달래야 했다.

보름 후에 이곳으로 여행을 다시 오게 되었다. 팔자에 없는 여행 복이 터진 것이다. 세 번에 걸쳐 신입생 모두를 이 코스로 여행시키기로 한 대학의 방침 덕이었다. 이번에도 아소산의 활화산을 볼 수 있기를 소망하면서 떠났지만 그게 아니었다. 이번 여행코스에는 아소산이 없었다. 원폭이 투하된 나가사끼(長崎) 쪽으로 방향이 바뀌었다. 불을 뿜어내는 분화구를 보겠다던 마음이 외도를 한다. 원폭에 무참히 일그러진 모습들을 보며 전쟁의 아픔을 생각한다. 비록 분화구는 볼 수 없어도 알지 못하던 세계를 본 것으로 자위했다.

다시 보름 후에 간 세 번째 여행은 아소산이 여정에 포함되어 있었고, 날씨도 좋아 당연히 볼 수 있으려니 했다. 차가 산 중턱을 오르는데 벌써 화산 냄새가 밀려 내려와 우리를 맞았다. 코끝에 와서 감지되는 유황 냄새에 나의 기대감은 부풀어 올랐다. 차창에서 올려다 보는 산의 정상에는 흰 구름이 피어오르고 있었다. 분연噴煙이 솟는 분화구를 내려다볼 것이라는 기대감은 나를 설레게 했다. 그러나 버스에서 내리자 그 기대감은 무너지고 말았다. 유황 냄새가 심하여 접근할 수가 없다는 것이다.
　세 번에 걸친 나카다케 분화구 관광 계획은 접근도 해 보지 못한 채 끝이 났다. 자연의 신비를 보겠다는 기대는 나의 지나친 욕심이었을까. 억겁의 세월동안 간직한 신비를 내 한눈에 넣겠다는 욕심. 그 욕심을 아소산은 채워주지 않았다. 그러나 그것을 보겠다는 욕망은 더욱 커갔고 나를 미치게 만들었다.
　번번이 제 모습을 보여주지 않음으로 하여 아소산은 규슈 여행 때마다 내 의식의 한가운데를 차지했다. 사실 자신이 알지 못하는 것에 대한 호기심은 엄청난 힘을 발휘한다. 그래서 갈망은 행동에 변화를 일으키고 목표를 향해 달려가게 한다. 아소산의 나카다케 분화구를 보겠다는 욕망은 내 혼자서 규슈 여행을 감행하게 만들었다. 정말 분화구를 치밀고 올라오는 분연을 보고 싶었다.
　그러나 이번에도 나는 뜻을 이루지 못하고 돌아왔다. 아소산 버스터미널에 도착하자 접근을 할 수 없다는 통보였다. 화산의 활동이 너무 왕성하여 위험하다는 것이다. 버스에서 내려 올려다본 나카다케는 하얀 연기가 뭉게구름처럼 피어오르고 있었다. 파란 하늘을 덮어가는 하얀 연기는 마치 씨아를 빠져나온 목화솜이 방바닥을 점령해 가는 꼴이었다. 이렇게 좋은 날에 찾아와도 나카다케 분화구는 자신의 속을 결코 내보여주지 않았다. 아소산은 자신의 속을 들여다보려는 나에게 응할 마음이 전혀 없는 것일까.

해를 넘겨 다섯 번째 찾는 아소산이다. 몇 차례의 실망으로 거의 포기 상태가 되었다. 이제는 보여주면 다행이고, 못 본다 해도 낙담하거나 아쉬워하지 않으리라 다짐해 본다. 버스의 차창에 기대어 황량하게 펼쳐지는 초원을 바라본다. 푸른 벌판에서 검은 소가 한가로이 풀을 뜯는다. 말을 탄 내 마음은 초원을 거닐며 여유를 즐긴다. 목초로 덮여 있는 고메즈카米塚를 지날 때에 가이드는 아소고가쿠阿蘇五岳를 각선미가 있는 여인의 나신에 비유하며, 유방을 들먹인다. 참 재밌게 소개도 한다며 한 귀로 흘렸다. 버스는 터미널에 우리를 토해 놓는다. 이번에는 볼 수 있을까.

자연의 신비를 보기 위해 무던히 노력해야 한다는 생각에 이십여 분을 걸어 올라갔다. 내려오는 사람의 두런거리는 소리를 들으니 오늘은 볼 수 있을 것 같다. 걸음이 빨라진다. 얼마나 보고 싶었던 분화구인가. 가까이 갈수록 화산냄새는 나를 더욱 숨차게 한다. 한시 바삐 보고 싶은 마음에 걸음을 재촉한다.

참으로 이상한 일이었다. 그토록 보고 싶었던 나카다케 분화구가 눈앞에 전개되는 순간, 느닷없이 내 머리 속에는 수줍은 여인의 음부가 떠오르는 것이었다. 고메즈카를 지나며 가이드가 여체에 비유한 까닭인지는 몰라도 참으로 의외의 일이었다. 분화구는 틀림없는 음부였다. 그것도 사내 냄새를 처음 맡는 여인의 음부였다. 골 지어 보이는 분화구는 살이었고, 미미하게 오르는 분연은 선혈이었고, 머리를 풀고 오르는 하얀 연기는 음모였다.

지금까지 그토록 보여주지 않았던 이유를 알 것 같았다. 여러 차례의 보챔 뒤에야 겨우 허락하는 여인처럼 나카다케 분화구는 자신의 음부를 나에게 수줍은 듯이 내보였다. 허망함에 한참을 바라보았다. 그러나 음부라는 생각이 전혀 지워지지 않는다.

사진 몇 장 찍으며 흔적을 남긴다. 돌아서 내려오는 내 머리에는 '허망'이란 단어가 떠나질 않았다. 그토록 보고 싶었던 분화구를 보았는데, 돌아서는 순간 허탈함이 몰려온 것은 웬일일까. 로프웨이가 순식간에 사람을 산 아래로 밀어 내리듯 허망의 구렁텅이로 나를 밀어 넣는다. 신비함에 대한 기대는 보는 순간 절망에 빠지는 것인지도 모른다.

한번도 본 경험이 없기에 애달아했는데 보고 나니 허탈하다. 이제는 신비함에 대한 기대감도 무너졌다. 다 들여다보고 나니 별 것도 아닌 것을 그렇게 마음 졸였다. 다음에는 신비함도 사라질 것이 뻔하다. 어쩌면 나카다케 분화구도 더 이상 감추려하지 않을지도 모른다. 사내 냄새를 맡아본 여인처럼.

다음에는 바다 속 해저식물의 탐사를 꿈꾸어 보아야겠다.

〈계절문학 창간호 2007년 겨울호〉

딱지치기

'딱지'라는 말 뒤에는 '치기'와 '놀이' 중 어느 것을 붙여야 옳을까?

요즈음 나는 이 문제로 고심 중이다. 분명 내가 어려서는 '딱지치기'로 사용한 것 같은데, 요즈음은 그게 아닌 것 같다.

'-치기'라는 말에는 다분히 '내기'라는 의미가 숨어 있다. '내기'라는 말은 놀이의 결과에 따라 그만한 대가를 받거나 내놓아야 한다는 것이다. 예를 들면 '돈치기'는 정해진 공간에 던져 근접한 사람에게 먼 사람이 자신의 것을 주어야 하는 놀이이고, '엿치기'는 서로 가지고 있는 엿을 꺾어서 그 구멍의 크기에 따라 엿을 내어 놓아야 한다. '화투치기' 역시 둘 이상이 모여앉아 패를 나누어 화투장을 가져가고 그 결과에 따라 정해진 돈이나 물건을 내어 놓아야 한다.

이처럼 '―치기'에는 '내기'의 의미가 다분히 들어 있었다. 어린 날 우리가 한 '딱지치기'도 땅바닥에 놓인 종이딱지를 서로 번갈아가며 치다가 상대편 딱지가 뒤집혀지면 따먹는 놀이였었다. 그래서 내 것을 잃지 않기 위해 땀을 뻘뻘 흘리면서 딱지를 쳤던 것이다. 재수가 좋은 날은 딴 딱지를 호주머니가 터지도록 밀어 넣고도 남아서 가슴에 안고 들어왔다. 하지만 그렇지 못한 경우에는 집안을 들락거리며 여기저기 딱지가 될 만한 것들을 모두 들어내야 했던 추억이 있다.

그때에 나는 딱지를 내 스스로 자급자족해야 했다. 부모에게 손을 벌리거나 어리광을 피우는 법이 없었다. 제 딱지를 모두 잃고 나면 집안 어디든 뒤져서 스스로 만들어 놓았다. 얇은 종이는 여러 겹을 함께 접어 두툼하게 만들어 여간 힘을 가하지 않으면 넘길 수 없도록 하였다. 두툼한 딱지를 땅에 대고 치면 그 요란한 소리가 가슴까지 시원하게 해 주었고, 어깨가 저절로 으슥해지는 것이었다. 간혹 시멘트 포대를 찢어서 만든 딱지가 한두 개 호주머니에 있으면 자신감이 들어 동네를 더 휘젓고 다녔다.

어머니는 당신의 장롱 서랍 하나를 내게 내주시고, 그곳에 딱지를 넣어 관리하게 하셨다. 그래서 나는 평상시에도 쓰다버린 종이나 박스 조각을 발견하면 그것으로 딱지를 만들어 서랍 안에 넣어 두었다. 그 서랍으로 하여 내 물건을 관리하고, 재물을 늘이고 줄이는 경제 활동을 익혔던 것이다.

그런데 요즈음 아이들은 그게 아니다. 제 스스로의 광을 가지고 있지 않고, 부모의 창고에 든 것을 모두 자기 것으로 착각하고 사용한다. 제 스스로 관리하고 모으는 능력은 키우지 않고, 오로지 부모에 의지하여 손만 벌리려 한다. 딱지놀이를 하다가 부족하면 부모에게 졸라서 금시 충분한 양을 보충한다. 매사에 이런 식으로 쉽게 해결한다. 그러다 보니 딱지를 모으는 것도 관심이 없고, 오직 즐기기만 하면 된다는 의식이다. 딱지를 놀던 곳에 놓고 가서 잃어버려도 그만이고, 친구가 가져가도 마음 아파할 일이 없다. 절대적인 후원자가 있으니까.

딱지치기만이 아닌 모든 놀이가 다 그렇다. 놀이에 도구가 필요하면 부모에게 요청해서 해결한다. 부모에게 용돈을 요구해서 그것으로 구입하면 그만인 것이다. 자급자족이 아니라, 부모에게 의지하려 하고 쉽게 자신의 문제를 해결하려 한다. 그러다 보니, 물건의 소중함을 깨닫는 경제적 사고는 전혀 기대할 수가 없다. 오로지 자신의 생각대로 밀고 나가면 되고, 그 일의 뒷수습은 부모의 몫이다.

그래서 요즈음 아이들은 딱지를 가지고 놀아도 치열하게 땅에 대고 치지를 않는다. 방안에 둘러앉아 서로의 딱지의 계급을 확인하기만 하면 된다. 굳이 힘써서 수효를 늘리려는 경제활동도 이들에게는 필요 없다. 오로지 딱지에 그려진 장군의 계급만이 관심의 대상이다. 계급이 높은 딱지 한 장만 가지고 있으면 상대의 것은 무엇이든 내 것으로 만들 수가 있으니 마음 고생할 일도 아니다.

내 것을 만들려는 욕심이 없으니, 굳이 '내기'의 속성이 있는

'치기'를 할 일이 아니다. 다만 친구와 같이 즐기며 우정을 쌓으면 된다. 그리하여 요즈음 아이들은 '딱지치기'가 아니라 '딱지놀이'를 하고 있는 것이다. 방안에 들어앉아 딱지놀이로 시간을 보내다가 시들해지면 컴퓨터로 옮겨 앉는 것이 요즈음 아이들이다.

어찌 보면 우리 아이들이 재물에서 멀리 벗어나 있고 마음이 유순한 아이들로 성장해 가고 있다고 반길 일일지도 모른다. 하지만 아무 것도 할 수 없는 피동적이고 나약한 아이들로 키워내는 것은 아닌지 두렵기도 하다. 매사를 부모에 의지하려 하고, 제 스스로 해결하려는 의지가 없다면 큰 문제가 된다. 부모가 영원히 옆을 지켜주는 것이 아니라서 떠난 후의 모습이 걱정이 아닐 수가 없다.

초등학교 시절, 짧아서 쓸 수 없는 몽당연필을 여간해서는 바꾸어주지 않던 부모님들의 지혜를 이제야 깊이 헤아린다. 옛 어른들이 자녀를 사랑한 부피가 지금 분들에게 못 미쳐서 그랬을까. 오히려 지금 분들보다 더 자식을 아꼈기에 몽당연필을 바꾸어 주지 않았는지도 모를 일이다. 아무리 연필의 짧음을 호소해도 새것으로 선뜻 교체해 주는 법이 없었다. 참고 견디는 심성을 길러주고자 하는 배려였다. 대나무 구멍에 끼워 사용하면서 인내를 익히고 나야 겨우 바꾸어 주었다.

어느 민족이든 놀이문화 속에는 그들의 철학이 들어 있다. 민족의 특성도 여기에 다 녹아 있다. 우리 민족의식의 밑바닥에까지 내재해 있던 뿌리가 흔들릴 조짐이 보인다. 인내와 끈기는 우리 민족의 대표적인 성격이었는데, 그 심성이 다 말살되는 듯하여 불안하다.

  아이들의 '딱지놀이'를 다시 '딱지치기'로 환원시키는 방법은 없을까. 비록 배불뚝이 딱지 왕은 아니더라도 참고 견디며 제 스스로 개척해 나가는 힘이 있는 젊은이들이 우리의 뒤를 이어 주었으면 하는 바람을 가져 본다.

〈2007년 11월〉

야수 野獸

　　뜰에 잔디를 심었더니 일이 많다. 오래 전부터 잔디 깔린 정원이 좋아 보였다. 아파트 생활에서 탈출하면 한번 흉내 내리라던 막연한 생각이 정원에 잔디를 깔게 했다. 깊이 생각할 여유도 없었다. 당연히 그래야 되는 것처럼 정원에 잔디를 심었다.
　　잔디가 착근도 하기 전부터 잡초가 기승을 부린다. 아침마다 쭈그리고 앉아 잡초를 뽑아낸다. 그러나 고개를 내미는 잡초의 등살에는 못 미침을 항시 느낀다. 풀 약을 해버릴까 하다가도 마음을 다스리고 앉아 잡풀을 뽑는다.
　　뽑다보면 지렁이가 풀뿌리에 딸려 나오기도 한다. 이번에 집을 지으면서 성토를 하였는데, 어느새 지렁이가 찾아왔다. 고맙기도 하고 신기하기도 하여 지렁이를 다시 흙 속에 안주시켜 놓는다. 그랬는데도 뽑은 풀을 다 치우려다 보니, 지렁이 한 마리가 흙 속으로 가지 못하고 개미들의 사냥감이 되어 버둥거리고 있다.

불그레한 몸에 개미가 댓 마리 붙어 있다. 물어뜯음을 참아내고 있다가 엎어진다. 그래도 개미의 공격은 계속된다. 세상에 참 딱도 하다. 개미가 물면 제 몸 하나 추슬러 흙 속으로 빠져들면 그만일 텐데, 지렁이는 그런 생각이 없는 것인지 그대로 물리고만 있다. 다시 흙 속에 넣어줄까 하다가 그냥 둔다. 저만한 체구이면 제 힘으로 개미는 물리쳐야 한다는 판단이다. 제 몸의 수 십 분의 일도 되지 않는 개미에게 무너지는 허약함이라면 이 세상에 남을 가치도 없다.

한참 동안 잡초를 뽑다가 와 보니 그게 아니었다. 언제 몰려들었는지 개미들이 새까맣게 붙어 있다. 길게 드러누워 바동거리는 지렁이의 몸에 달라붙은 개미들은 작은 것이었지만, 그 수가 기십이어서 섬뜩했다. 개미가 혼자일 때는 눈에도 잘 보이지 않아 별것 아니었다. 하지만 그것이 모이니 제 몸체보다 수십 배가 되는 지렁이를 사냥하고 있는 것이다. 물어뜯는 개미의 공격을 이기지 못한 지렁이는 거의 실신 상태에 와 있다. 이제는 구출을 해 준다 해도 죽을 몸이 되었다. 겨우 이따금씩 엎어지고 잦혀지며 마지막 안간힘을 쓰고 있는 지렁이.

집이 길가이다 보니, 지나가던 사람이 자주 들르기도 한다. 이 또한 이곳으로 이사 온 즐거움이다. 지렁이의 주검을 내려다보고 있는데, 낚시에서 돌아오던 벗이 찾아왔다. 자신이 잡은 물고기를 내려놓으며 소주 한잔 하잔다. 잡은 고기는 잔챙이 몇 마리뿐이었다. 큰 그릇에 쏟아놓자 제 세상이나 만난 듯이 활개를 치며 돌아다닌다. 쏟을 때의 출렁임이 점차 가라앉으며 그릇의 고기들은 안정을 찾아갔다. 더러 목숨을 다해가는 것은 비늘을 드러내며 수면에 떠서 마지막 숨을 몰아쉰다.

그릇에 담긴 고기들이 몰려다닌다. 떼를 지어 움직인다. 조그마한 것이 앞에서 숨차게 내닫고 그 뒤를 다른 고기들이 따라간다. 도대체 무슨 영문인지 몰라 촉각을 세우고 관찰한다. 앞에 내닫는 고기의 배에 무엇인가 붉은 것이 매달려 있다. 계속된 추격에 힘이 빠진 고기는 행동이 갑자기 느려지며 모든 것을 포기한다. 배에 매달린 물체의 모습이 드러난다.

그것은 배에서 흘러나온 창자였다. 배 속에 갈무리하여 싸두어야 할 내장이 흘러나와 있다. 아마 친구의 낚싯바늘에 배를 찍힌 모양이다. 그래서 안에다 깊이 감추어야 할 내장이 겉으로 빠져나와 다른 것들의 식탐을 돋우는 모양이었다. 같은 고기이면서 최악의 역경을 겪고 있는 동료의 처지를 보살피기는커녕 제 입에 넣으려는 탐욕이 나를 부르르 떨게 한다. 다 저런 것일까. 세상의 만물이 다 저런 것일까. 약육강식이 세상의 이치라고 하지만, 죽음을 목전에 둔 영혼을 달랠 생각보다는 육신까지도 제 입에 털어 넣으려는 야수적野獸的 기질에 소름이 끼쳐진다. 세상은 야수만이 득실거리는 우리인지도 모른다. 밖으로 탈출할 수도 없는 우리에 견고히 가두어두고 서로의 식탐을 즐기고 있다.

동네병원에서 대학병원으로 가 보라 할 때만 해도 그리 깊이 생각하지 않았다. 그러나 시간이 흐르면서 내 자신이 뙤약볕에 내동댕이쳐진 지렁이였음을 자각하기에 이르렀다. 더럽고 추한 흙을 제 배 속에 넣어 좋은 배양토를 만들다가 그만 지상으로 끌려나와 개미의 뜯김을 다하는 지렁이와 같이, 순간의 어려움에 처했을 때에 물어뜯김을 당해야 하는 것이 세상살이임을 비로소 깨달았다. 질병에 시달리고, 돈에 시달리고, 욕심에 시달리고, 주위의 모함에 시달리고, 배신에 시달리고, 세파에 시달리며 사는 것이 인생살이임을 절감한다.

그리고 이 세상은 야수가 득실거리는 우리 속과도 같다는 생각이 나를 놓아주질 않는다. 죽기 아니면 살기 식으로 제 것만 챙기려하고, 상대의 허점을 자신의 기회로 삼으려는 인간의 욕망이 영락없는 야수다. 오직 제 식탐만을 헤아리는 주둥이가 야수에게만 있는 것이 아니고, 사람에게도 붙어 있다는 생각이 절로 든다. 어떠한 허물이든 보이기만 하면 물어뜯어 제 입에 넣어야 하는 야수. 그것이 사람이란 것을 여태껏 알지 못했다.

인간도 극한상황에 처하면 야수와 똑같다고 했던가. 문득 프랑스의 작가 뻬에르 가스까아르의 소설 "야수"가 생각난다. 굶주린 배를 며칠 더 비워 놓자 제 동료의 시체를 야수의 먹이로 주고, 호랑이와 사자에게 줄 토끼고기와 닭고기는 자신에게 달라고 애원하던 그 포로. 철창에 매달렸던 짐승과 같은 인간의 애원은 지금 어디에서 헤매고 있을까.

〈문학마당 24. 2008년 가을호〉

그녀 내게서 떠나다

　　　　　진순이가 떠났다. 생후 두 달 되었을 때 내게 온 그녀는 이름이 없었다. 예쁜 이름을 붙이자며 며칠을 고민하다가 엉뚱하게 '진순'이라 붙이고 말았다. 그것도 이내 이름을 내놓지 못하는 나의 게으름에 아내가 궁여지책으로 붙여준 이름이다. 진돗개 암컷이라 하여 조어造語된 이름이 분명할 터이다. 그런 이름을 듣고도 딱히 다른 이름을 내놓지 못하니 그냥 그렇게 굳어지고 말았다.
　내게 처음 왔을 때는 제 어미가 그리워 며칠 밤을 울음으로 보채더니, 점차 수그러들었다. 예방접종도 시키고, 잔디밭에서 데리고 놀자 이제는 제 집이라고 받아들이는 눈치였다. 비록 우리에 갇혀서 사육되긴 해도 부족함이 없는 집이었다. 목줄도 하지 않았고, 제 마음껏 뛰어놀 수 있는 넓은 공간도 확보되어 있는 집이었다.

"개집이 아파트야. 우리 집보다도 좋아."

뛰어놀다 제 집에 들어가 쉬는 그녀를 바라본 사람들은 이렇게 뇌까렸다. 그래도 그녀는 늘 밖으로 나오기를 소망했다. 그 눈치를 모른 체 할 수 없어 가끔 내놓기도 했다. 그러면 잔디밭을 질주해 달렸다. 넓은 잔디밭을 일여덟 바퀴 돌고서는 내 앞에 와서 교태를 부리는 일도 잊지 않았다. 강하고 짧은 소리로 '여기'하며 손가락으로 앞을 지적해 주면, 그곳에 와서 넙죽 앉아 다음 지시를 기다렸다. 여간하여서는 내 지시를 어기는 법이 없었다.

한번도 잔디밭을 이탈하지 않던 그녀가 울 밖으로 뛰쳐나간 적이 있었다. 쫓아가면서 부르면 다시 돌아왔다가는 재차 뛰쳐나가는 것이었다. 나가 있는 시간은 그리 길지 않았다. 바로 제 집 앞으로 와서 자신이 내 말을 잘 듣고 있음을 확인시켜 주는 것이었다. 이러던 것이 하루는 나갔다가 두어 시간이 지나서야 돌아왔다. 잘못된 것임을 아는지 꼬리를 내리고 앞에 와서 추레하게 앉아 있는 꼴이 석고대죄 하는 모습이라서 동물치고는 영 특하다며 귀여워해 주었다.

그러던 그녀가 떠나갔다. 아침 사료를 주려고 다가가자 밖에 나오고 싶어 안달이었다. 운동을 좀 시키는 것도 필요하다 싶어 문을 열었다. 단숨에 잔디밭을 서너 바퀴 돌아치운다. 그 뛰는 모습을 바라보면서, 저렇게 밖에 나오면 좋아하는 것을 내놓지 않았구나, 하며 자책했다. 그 뛰는 모습은 보기에도 경쾌했다. 잔디밭 이쪽에서 저쪽으로 내닫는 것이 트랙을 도는 육상선수 같았다. 나는 빙긋이 웃으며 우리 안을 치우러 들어갔다.

일은 바로 그 때 일어났다. 잔디밭 저쪽에 고양이가 나타난 것이다. 제 영역에 들어온 것을 용서치 않는 그녀는 한 달음에 고양이를 쫓아갔다. 고양이를 몰아낸 그녀는 느닷없이 무슨 생각인지 밖으로 내달렸다. 나도 쫓아갔다. 한참을 간 후에야 그녀는 멈추었다. 뒤에서 부르는 소리에 호응하는 듯이 보였다. 하지만 아니었다. 몇 차례 멈추는 듯한 후에는 그냥 달아났다. 도로 쪽으로 나간 후부터는 뒤도 돌아보지 않았다.

얼마간을 쫓아가며 불렀으나 그녀는 한번도 뒤를 돌아보지 않는다. 부르면 되돌아보며 그 자리에 멈춰 있던 그녀가 오늘은 다르다. 그렇게 냉정하게 뿌리치고 갈 수가 없다. 달리는 뒷모습은 그녀처럼 보이지 않았다. 꼬리를 치켜 올리고 그 늘씬한 다리로 내닫는 모습은 색다른 모습이었다. 저대로 나갔다가는 사고를 당하거나, 다른 사람에게 걸려 돌아올 수 없다는 생각에 겁이 더럭 났다. 이제는 아예 목적지를 향해 질주라도 하듯 달려간다. 급기야 멀리 사라지고 보이지 않는다.

달려간 뒤를 쫓아 마을을 돌아다니며 불러 보았지만, 어디에도 그녀는 없었다. 마을을 돌아보는 동안 내닫던 엉덩이만이 눈 앞에 가물거렸다. 그동안 정을 주고 지냈는데, 그렇게 가는 것일까. 서운했다. 결국 집으로 돌아와 그녀의 마음이 돌아서기만을 기다렸다.

한나절이 지나도록 우리만 바라보며 돌아오기를 기다렸으나 보이지 않는다. 돌아오면 어떻게 교육을 시킬까 고민도 해 보았다. 영리한 진돗개니 반드시 돌아올 것이라는 기대를 하며 자주 개집을 쳐다봤다. 한나절이 지나고 하루가 마무리될 무렵, 그녀는 집 근처에서 발견되었다.

　놀라운 일이었다. 풀숲에서 발견된 그녀는 하체를 전혀 쓸 수 없는 불구가 되어 있었다. 뛰어갈 때 그렇게 멋지게 보이던 엉덩이가 푹 주저앉아 못 쓰게 된 것이다. 차에 치인 것이 분명했다. 외상은 없어서 피투성이는 아니었지만 그 고통은 전해 왔다. 말 못하는 것이 얼마나 힘들었을까. 어디에서 사고를 당했는지는 몰라도 저 몸으로 제 집을 찾아온 정신력에 놀랐다. 풀숲을 가로질러 왔기에 털 속에는 여기저기 고통처럼 도깨비가시가 박혀 있었다. 그것을 하나씩 떼어내며 나는 그녀의 고통이 떨어지기를 바랐다.

　수의사는 검진을 하고 난 후 고관절이 나갔다며 방법이 없다고 한다. 자신이 할 수 있는 일은 통증이나 적게 하는 주사를 놓을 수 있는 정도라는 것이다. 그녀의 눈망울이 그렇게 처연할 수가 없다. 저 상태로 평생을 견뎌야 할 그녀의 앞날이 무서웠다. 차라리 고통 없는 죽음이 나을 것이라는 수의사의 판단에 나는 고개를 가로젓지 못했다.

　수의사에게 안락사를 부탁하고, 동물병원을 빠져나왔다. 더 이상 그녀를 바라볼 수가 없었다. 저 눈빛을 어떻게 더 바라본다 말인가. 문을 밀치고 나오는데, 뒤에서 그녀가 바지 깃을 잡아끈다. 그러나 내친김에 빨리 그곳에서 탈출하고 싶었다. 내 머리 속으로 느닷없이 배반하고 달아나던 그녀의 엉덩이가 되살아났다.

　그녀가 나에게 남기고 간 것은 무엇일까. 제 아무리 나가려해도 아침에 문을 열어주지 말았어야 했다는 후회가 먼저 밀려온다. 제가 다른 세상을 그리워해도 꼭 잡아두고 나의 품에서 키웠어야 했다. 밖으로 나가려는 갈망을 모르는 척하고 꼭 잡아두었어야 했다. 떠나는 것마다 나 자신만 다스리고 참아낼 것이 아니라, 인내로 잡아 두었어야 했다는 후회가 전신을 타고 내린다.

　그녀는 떠나갔다. 이제는 잊어야 한다. 잊는 일은 수동보다는 능동이 더 현명하고, 효과도 클 것이라는 생각에 사로잡힌다. 이제는 철저히 잊어야 한다. 한시 바삐 그녀를 내 기억에서 덜어내야 새로운 식구를 맞을 수 있을 것이다. 문득 가슴에 박혔던 '배반'의 의미가 흔들리기 시작한다.

〈에세이 포레 2010년 겨울호〉

매화를 기르며

매화가 피었다. 삼 년 전에 구입하여 길러 오던 것이다. 많은 꽃들을 기르다 보면 그것들의 성미에 새삼 놀라게 된다. 교태를 부리는가 하면, 자그마한 배려에도 민감하게 반응한다. 더러는 믿음직스럽게 주인에 대한 절개를 지키며 계절을 알리는 것도 있어 좋다. 이 봄 매화의 꽃이 눈에 더 들어온다.

내 좁다란 정원에 봄기운이 찾아들면 나의 손길은 바빠진다. 한 해 동안 내 곁을 지켜줄 분재들의 분갈이에서부터 새 식구들을 맞아들일 준비가 필요하기 때문이다. 꽃시장에선 눈이 튼 꽃나무가 나를 기다린다. 가벼운 마음으로 꽃나무를 고른다. 초본보다는 목본을 즐기는 편이다. 대부분 삽목하거나 접목한 것이어서 묘목을 고르기엔 어려움이 없다. 가지에 돋은 눈을 살펴보고, 접목 부위와 뿌리의 건강 상태를 보면 알 수 있다. 그 꽃의 실체를 알기에 마음속에서는 성급하게 아름다운 꽃을 그린다. 이렇게 구입하여 애정을 가지고 좋은 토양에 가려 심기를 여러 번. 매번 다 살아나 실한 꽃을 보여주는 것만은 아니다. 그런데 이 매화만은 사군자의 으뜸 값을 톡톡히 하며 꽃을 보여주고 있다.

 꽃시장에 나갈 때마다 맘에 드는 것을 고르진 못한다. 어느 것이 우리 집 식구가 될 수 있을까 기웃거리다가 그냥 돌아설 때도 있다. 마음에 들어 정원 어디에 심겠다고 정하고 보면 그 값이 나를 무안하게 한다. 제법 큰 돈을 요구한다. 어쩔 수 없이 작은 것을 하나 골라서 죄지은 듯이 숨겨 가지고 온다. 그러나 그런 것일수록 정성을 들여 키우는 재미가 제법 있다.

 사람이 나이가 들면 기호도 조금씩 바뀌는가 보다. 예전에는 화분에 든 난 종류가 좋았는데, 요즈음에는 수형이 잡혀 있고 꽃이 피는 나무가 훨씬 내 마음을 잡아당긴다. 전에는 꽃을 피우는 화초보다는 일년 내내 푸른 잎이 지지 않는 것을 좋아했다. 그래서 한겨울에도 집안에만 들어서면 한여름처럼 푸름 속에서 안식할 수 있었다. 그런데 요즈음은 게을러진 탓인지 봄에 한번 마음을 주면 그런 대로 견뎌주는 나무가 훨씬 더 좋다.

 꽃시장에서 오죽잖은 것들을 하나씩 들여와 갖은 정을 다 주다보니, 어느새 정원에는 많은 나무들이 있다. 처음에는 겨우 살리는 데에 그쳤지만, 세월이 흐르면서 그것을 번식시켜 늘이고 분식하는 재미도 쏠쏠하다. 이 같이 애처로운 것을 가져다가 내 정성으로 살려내고, 그 종자를 얻어내는 과정은 나에게 즐거움을 제공해 주었다. 여린 것이 내손으로 빚어내는 사랑을 받아

자라고, 그것이 번식 될 때의 기쁨은 실로 크다.

　매화도 처음엔 그렇게 나와 인연을 맺었다. 이른 봄날 꽃시장을 별생각 없이 둘러보고 있을 때, 꽃눈이 붙은 매화가 눈에 들어왔다. 목에 달린 인식표처럼 묘목에 붙어 있는 가격표가 나에게 부담을 덜어 주었다. 이 정도라면 한번 키워 사랑을 주어보자며 한 포기 집어 들었다. 정원의 빈 자리를 골라 정성들여 심었다.

　첫해에는 떠나온 고향이 그리운지, 내 정성에 만족해하지 않았다. 정원에 심은 지 얼마간은 꽃망울이 싱싱하게 붙어 있었는데 점점 시들어갔다. 처음 좁쌀만하게 붙은 꽃눈을 보고 찬바람을 이기고 꽃을 보여주려니 했는데, 나중에 보니 그게 아니었다. 말라 죽는 것인지 얼어 죽는 것인지 알 수가 없었다. 아주 연약한 모습으로 시들어갔다. 어쩜 제 고향을 그리워하다 말라버린 모양이었다. 그렇게 한해를 병에 걸린 모습으로 견뎌낸 매화였으나 다음 해에는 완연히 달랐다. 제법 실하게 꽃눈을 올리는 거였다.

　그러나 좋아라할 일만은 아니었다. 난데없는 이웃 강아지가 와서 예쁘게 올라오는 꽃망울을 다 뭉개 버렸다. 이번에도 꽃을 피우지 못했다. 강아지의 접근을 방지해야 했는데, 나의 세심한 배려의 부족으로 꽃을 보지 못하게 된 것이다. 결국 둘째 해에도 내 정성이 모자람을 일깨워 주며 실망을 안겨 주었다.

　세상의 무슨 일이 그리 쉽겠는가. 누구나 다 그렇게 조그마한 배려로 자신의 소망을 채울 수 있다면 이 세상의 모든 사람들이 온전히 버틸 수 있겠는가. 그래도 지극한 정성으로 자신의 모든 노력을 기울인 사람에게만 꽃을 보여주어야 하는 것이 아닐까. 그래야 노력한 사람도 보람이 있는 것이고, 나태한 사람에게는 분발의 노력을 준비하게 하는 것이 아닐까.

그뿐인가. 더러는 예기치 못한 일이 벌어져 결과를 그르치는 경우가 얼마든지 있다. 난데없이 뛰어든 가축들에 의해 줄기가 꺾이기도 하고, 그것들의 다툼으로 뿌리가 뽑히기도 한다. 불어오는 태풍의 힘은 얼마나 크며, 염제炎帝는 얼마나 가혹하게 뜨거웠던가. 세상일이란 예기치 못한 일이 너무도 많다. 그런 와중에서 그 꽃을 길러내겠다는 욕심 하나로만 꽃을 보려 한 것은 너무도 안이한 나의 생각이 아니었을까.

꽃시장에서 가져다 심은 지 삼 년. 새봄을 맞아 다시 실한 꽃눈이 올라온다. 줄기의 여기저기에 실한 꽃망울이 맺혀 있다. 지난해처럼 피지 못하면 어쩌나 하는 두려움에 수시로 살펴본다. 내 보살핌의 눈빛으로 자란 것일까. 꽃망울이 점점 커지더니, 진분홍의 꽃이 벌기 시작한다.

이제 겨우 피기 시작하는 매화를 바라보며 상념에 젖는다. 삼년 만에 핀 매화. 그 모습이 청아하고 깔끔하다. 아침에 침실에서 나와 이슬을 머금고 피어 있는 매화를 바라보는 재미, 가히 신선이다. 이제 아침의 첫 일과는 매화를 알현하는 일이다. 그 순간 맛보는 만족감. 자신의 노력으로 하나의 생명을 꽃 피운 성취감이 꽃향기를 타고 솔솔 풍겨온다. 이 모두가 정성들여 꽃을 사랑한 덕분이리라.

조촐한 뜰에 서서 그동안 심어본 온갖 꽃들을 떠올린다. 그것들을 재배하기 위해 돌도 고르고 흙도 파 엎고 거름도 지어 날랐다. 되돌아보니, 나는 언제나 연약한 것들을 구해 정성으로 키워온 것 같다. 남들이 다 키워 놓은 것보다는 작고 허약한 것들을 데려와 정성으로 키워냈다. 그 애정으로 흘리기 쉬운 것들과 놓치기 쉬운 것들을 안아 들였다.

언제나 나는 내 영혼이 깃드는 정원을 만들고 싶다. 그리고 내 생이 다하는 날까지 그것들을 돌보며 살고 싶다. 사람보다 더 신뢰가 가기에.

〈경남수필 33. 2006년 12월〉

나도족의 50수

사람들에게는 나름대로 징크스가 있는 숫자가 있나 보다. 흔히 얘기하는 아홉수를 조심하라든가, 결혼할 때는 몇 살 때를 피해서 하라든가, 큰일을 할 때는 택일해서 하라든가 하는 것이 이런 데에서 연유한 것이 아닐까 한다. 굳이 나쁘다는 데 그것을 어겨가며 일을 밀어붙일 것은 아닌 성싶다. 차라리 듣지 않아 알지 못하는 상태에서 그랬다면 모르겠으나, 알면서 어깃장으로 일을 그르치게 되면 두고두고 후회하게 될 것이다. 그래서 기피하는 숫자는 있게 마련이다.

그 기피 숫자는 일의 종류에 따라 가름되기도 하지만, 세대에 따라 이상하리만큼 특별한 관계를 갖는 것도 있다. 가령 우리 같은 50대들에게 있어서는 50이란 숫자가 그렇게 악연일 수가 없다. 어쩌면 태어나면서부터 그 악연은 시작되었는지도 모를 일이다.

　태어나 어머니의 품에서 모유를 공급받아야 할 시기이거나, 겨우 밥 먹는 것을 익혀갈 무렵에 한국동란이 터졌다. 그 해가 바로 1950년이다. 50과의 악연은 이때부터 시작된 듯하다. 전쟁통에 배곯고, 모진 피난길의 어머니 등에 매달려 울부짖으며 유아시절을 보냈던 것이다. 더러는 배고픔에 버려진 경우도 있었고, 미아가 되어 거리를 기웃거리기도 하였다. 전쟁 통에 불구가 되어 한 평생 짊어져야 할 삶이 고난인 경우도 있었다.

　사월 초 초등학교에 입학하여, 어느 핸가 삼월에 진급하도록 제도가 바뀌는 바람에 11개월 만에 상급학년으로 진급하는 꼴도 당했다. 결국 젖배 곯은 녀석들이 교육기간까지 한달 빼앗기고 만 것이다. 이보다 좀 늦은 세대들은 평준화교육으로 무장되어 어른 애 가릴 바 없이 마구 달려든다. 50대들은 웃어른 공경하고 조금은 양보하며 사는 사회가 아름다운 것이라고 믿고 살아왔으나, 평준화세대들은 제 것 챙기길 우선하고 능력 있으면 최고라는 사고를 갖고 있다. 말인 즉 맞는 얘기지만, 웃어른 모시다가 겨우 어른 대접 좀 받을 만해지자 세상이 바뀌었다. 위에서의 누름을 겨우 벗어나려는데, 능력 사회가 되면서 밑에서 치받고 올라온다. 준비 안 된 도전에 감내하기 힘들어 망연자실할 뿐이다. 사회에서 가장 왕성하게 활동할 시기에 벌써 밀려나야 하는 처지가 된 것이 오늘날 50대들이다.

　이 사회의 주역으로 일해야 할 나이인 50대에 IMF가 터졌고, 그 죄를 혼자 뒤집어썼다. 그로 인해 명예퇴직의 괴로움을 삭여야 했던 아픔도 공교롭게 50에 찾아왔다. 전에 없던 50에 퇴출이니 이 역시 악연이 아닐 수 없다. 나이 50을 넘기니 여기저기에서 밀어내려는 눈치가 보인다. 괜히 흰머리를 탓하고, 할아버지라 부르질 않나, 처절한 절망을 맛보게 한다. 태어나면서 1950년 전쟁 중에 버려지더니, 나이 50이 되자 사회에서 버려지는 천덕꾸러기가 되었다. 가정을 짊어져야 하는 무게가 가장 큰 시기에 직장에서 밀려나 길거리에 나앉게 된 것이다.

무능하고 허약하기 그지없는 50대들은 얼마 전까지만 해도 선망의 세대였는데 요즈음은 천덕꾸러기가 된 것이다. 사회에서 버려진 50대들은 가정에서도 철저히 버려진다. 무능하기 그지없는 남편을 달가워할 아내가 없는 것이다. 곰국이나 끓여놓고 여행을 떠나버리거나, 이사 갈 때 떼어 놓고 가겠다고 으름장이다. 떼어 놓고 혼자 이사 가는 마누라 치마폭에 매달려 "나도 데리고 가, 나도." 하며 애걸하는 존재가 되었다. 집 떠나기 전에 장롱에 들어 있다가 버려지기도 하고, 겨우 트럭의 조수석에 붙어 앉아 묻어가기도 한다. 그래, 속칭 '나도족'이 된 것이다. 이 나도족은 이젠 눈치만 늘었고, 비굴함도 무서워하지 않는 꼴불견인 것이다. 또 언제 어느 곳에서 처절하게 버려질지 모르니 그리 되고 만 것이리라.

나도 틀림없는 '나도족'이다. 이제는 어미의 치마폭에 매달려 응얼대는 아이처럼 마누라의 치마폭을 쥐고 매달리는 처절한 나도족인 것이다. 더 이상 버려지지 않기 위해 몸부림치나 50대들의 50수와의 악연은 끊을 수가 없다. 지하철에 내뒹구는 노숙자들 중엔 50대가 가장 많다. 여기저기에서 버려진 50대들인 것이다.

오늘 나는 이 오십대들에게 모든 체면을 벗어던지자고 권하고 싶다. 이 '50'을 '5(오!) 0(제로)'로 인식하자고 권하고 싶은 것이다. 사회가 나를 버리든, 마누라가 나를 버리든 '나는 제로야'에서 출발한다면 무슨 일이든 할 수 있고, 어떤 고난이라도 감내할 수 있지 않을까 한다. 인간은 자신의 현재를 제로르 놓고 생각한다면 무슨 일이든 다 할 수 있다. 그러나 현재의 자신의 처지를 높게 판단하기에 새로운 일에 도전하지 못하는 것이 아닐까.

나는 아무것도 아니고, 소유한 것이 아무 것도 없다면 얼마든지 홀가분한 기분으로 새 일에 도전할 수 있을 것이다.

'나도족의 50수'는 나를 떼어 놓지 말고 데려가 달라고 애원하는 50대의 처절한 절규가 아니라, '나도 제로야' 하는 빈 마음을 상징하는 말이었으면 좋겠다. 그 빈 마음은 무엇이든지 할 수 있다는 아름다움을 내포한다. 그리하여 거리에 내몰리는 세대가 아니라, 무슨 일이든 할 수 있다는 적극적인 자세의 모습을 나타내는 것이었으면 좋겠다.

사람의 삶은 어떻게 인식하느냐에 따라 그 결과는 현저하게 차이를 보인다. 매사에 있어서 표면상의 흔적만으로 읽을 일은 아니다. 더러는 내 갈망에 따라 뒤집어도 보고, 거꾸로도 읽을 필요가 있다. 그것이 나에게 긍정적으로 다가설 수 있는 것이라면 한번 제로에서 출발해 볼 만하다고 생각한다. 나의 진실 된 노력을 보태어 세상을 바꿀 수만 있다면, 한번 용기를 가지고 제로에서 출발해 보는 거다.

나는 분명 '나도족'이다. '나도, 오, 제로야' 외칠 수 있는 50대 나도족이길 소망한다.

〈호서문학 36. 2005년 겨울호〉

죄의 안과 밖

초등학교 고학년이 되면서 야구 투수나 할까, 하고 생각한 적이 있었다. 지금 돌아보면 참으로 어리석기 그지없고, 안 하길 잘 했다는 판단이 서지만, 당시에는 내 나름대로 그만한 이유가 있었다. 돌을 던져 무언가를 맞추려고 들면 몇 번 던지지 않아 목표물에 명중시키고, '아싸!' 하고 손뼉을 쳤던 것이다. 다른 친구들과 내기라도 하면 으레 내가 이기곤 했다.

지금의 체구를 생각해 본다면 가당치도 않은 꿈인 것을 안다. 하지만 초등학교 졸업할 때의 키를 지금껏 가지고 있는 내겐 그 당시 정말 깊이 고민하던 꿈이었다. 이제 와서 생각해 보니, 먼 거리가 아닌 가까운 거리에 있는 목표물에 명중률이 다른 친구들보다 훨씬 높았던 것 같다. 그래서 주제넘게 그런 꿈을 꾸었던가 보다.

하지만 그것도 어찌 보면 반복된 훈련에 의해서 이루어졌는지 모른다. 어려서부터 들일을 돌봐야 했던 터라 학교에서 돌아오면 들이나 산에서 지내는 시간이 많았다. 밭고랑에 쪼그리고 앉아 뽑던 잡풀은 왜 그리도 많았던지. 어른들은 한 골을 차고 앉아 풀을 뽑기 시작하면 그 골이 다해야만 일어섰다. 어른들을 따라 하려면 풀 뽑기보다 허리의 통증을 참아내는 것이 더 힘들었다. 가까스로 한 골을 빠져나와서는 손에 든 돌을 눈앞에 보이는 것에 던졌다. 왜 그랬는지는 몰라도 한 골을 매고 나서는 돌로 맨 먼저 눈에 잡히는 사물을 맞추려 했다. 바위 덩어리든 감나무든 내 눈에 띄는 것이 피해를 보았다.

늦여름부터 가을에 걸쳐서는 산으로 소를 몰고 올라가는 일이 많았다. 소의 고삐를 사려서 등에 얹어주고, 제 마음대로 숲정이를 돌며 풀을 뜯게 한다. 그 다음 바위 돌에 앉아 망을 본다. 멀리 가거나 남의 밭에 들어가면 낭패하기에 그것을 제어하는 것이 내 임무였다. 이런 때엔 부모님은 책을 가지고 올라가기를 주문하셨지만, 그것을 보는 경우는 거의 없었다. 아무도 없는 숲정이에서 심심한 마음이 발동하면 무엇인가를 맞추는 연습을 했다. 그것은 내가 그렇게 해야겠다고 먼저 별러서 하는 경우는 아니었다. 눈앞에 보이는 사물이 '나를 맞춰 봐' 하고 내 마음을 건드는 것이었다.

한번은 바위에 앉아 있는데, 딱따구리가 앞의 밤나무 삭정이에 와서 '톡톡' 껍질을 쪼는 것이 보였다. 검은 색과 흰색으로 줄무늬 진 이 새는 금시 나에게 맞춰 달라는 신호를 보낸 거나 다

름없었다. 나는 바위에서 내려와 돌을 던지기 시작했다. 다른 새들 같으면 돌이 날아오면 멀리 달아날 텐데, 딱따구리는 삭정이를 돌아가며 나의 돌팔매를 우습게 생각하고 무시하는 것이었다. 간혹 날갯짓을 하여 도망쳐도 바로 옆의 나무로 옮길 뿐이었다. 이 게임은 거의 나의 승리로 마무리되었다.

 하루는 하굣길에 뜻하지 않은 사건이 벌어졌다. 친구들 서너 명과 길가에 앉아 있는데, 저만치 냇물에서 오리가 노는 것이 보였다. 누가 먼저 시작했는지도 모르게 우리는 앉아서 오리에게 돌을 던지고 있었다. 조금 뒤에는 모두 일어나서 돌을 던졌다. 짜릿한 쾌감을 느끼며 손뼉을 친 것은 역시 나였다. 돌에 맞은 오리는 옆으로 반 바퀴를 팽 돌더니만, 물 위로 벌렁 누워버렸다. 순간 더럭 겁이 났다. 내 돌에 오리가 맞아 죽을 수도 있다는 생각은 전혀 하지 못했는데, 큰일이 난 것이다. 우리는 뛰었다.

 이 일이 있고난 후 며칠동안 먼 길로 돌아서 학교에 다녔다. 교실에 앉아 있어도 마음이 편하지 않았다. 오리의 주인이 학교로 찾아올 것만 같았다. 마음 같아서는 학교를 쉬고 며칠 줄행랑을 놓았다가 오고 싶었으나, 그럴 수도 없었다. 학교에 있으나 집에 있으나 항시 마음은 불안했다. 웬만큼 시간이 흐른 후에는 그 길로 다니기는 했지만 냇가 쪽을 바라볼 수가 없었다. 나는 그 이후로 야구 투수의 꿈을 접기로 했다. 목표물을 정해놓고 하던 돌팔매질도 다시는 하지 않았다.

 초등학교 시절의 등굣길은 내가 던진 돌에 오리가 맞아 죽은 장소 외에는 떠오르는 곳이 없다. 트럭이 가끔은 헐목한 목재를 실어 나르고, 저만치에 냇가가 보이던 경사가 심한 자갈길. 냇가의 물이 흐르다가 머물러 오리가 놀 수 있던 웅덩이. 미꾸라지와 송사리가 많았고, 가장자리로는 버들강아지가 피던 그 곳 외에는 기억나는 데가 없다. 그 곳은 평생 내 뇌리에서 떠나지 않고, 무언가에 돌팔매질을 하고 싶은 욕망이 일면 금시 나타나서 나의 손을 끌어내린다.

그런데 이상한 것은 딱따구리를 잡은 곳은 전혀 떠오르지 않는다는 사실이다. 삭정이를 돌면서 날아가지 않았고, 피해서 옮겨가도 겨우 이웃 나무였다는 것 외에는 기억나는 것이 없다. 주위에 돌이 많았는지, 얼마만한 돌을 던졌는지 전혀 기억에 없다. 하지만 오리를 맞췄던 장소는 너무도 선명하게 내 의식 속에 남아 있다. 버들강아지가 피었던 웅덩이 한가운데에 벌렁 드러누워 있던 오리의 모습은 내 의식 속에 각인되어 언제나 떠나지 않는다.

죄의 안과 밖. 그것은 경계선을 어떻게 긋느냐에 따라 죄가 되고, 아니 되는 것은 아닐까. 둘 다 동물의 생명을 **빼앗은** 짓인데도 그것에 대한 죄의식이 이렇게 다를 수가 없다. 오리를 죽인 사건은 평생 내 머리 속에서 지워지지 않고, 내 삶에다 커다란 의미를 던져 준다. 그런데 딱따구리를 잡은 일은 죄의식보다는 추억의 서랍 속에 색 바랜 사진으로 아련하게 떠오를 뿐이다.

이러한 차이는 어디에서 오는 것일까? 같은 조류라 해도 주인이 있는 것과 없는 것의 차이일까. 사람들이 순간의 편리에 따라서 가치 기준을 정하는 데에 익숙해 있기 때문은 아닐까. 우리가 작물이라고 칭하는 옥수수도 정원의 잔디밭에 나 있으면 잡초로 취급되어 뽑혀지는 신세가 되듯이 말이다. 영원한 절대 가치는 없고, 수시로 상황에 따라 변질시키는 것이 인간의 가치 기준이듯이.

  오리를 죽인 뒤로 산 짐승에게 돌을 던지는 일은 하지 않는다. 그리고 야구 투수에 대한 꿈은 이 일로 해서 접게 되었다. 어쩌면 빗나갈 뻔했던 내 젊은 날의 꿈이 오리로 하여 디리 방지되었으니, 뒤늦게나마 오리의 위령제라도 지내줘야 할까 보다.

〈문학공간 2008년 6월호〉

딸년의 반란

이곳으로 이사하면서, 개를 기르게 되었다. 딱히 개를 길러야겠다는 계획도 없었는데, 어떻게 하다보니 그렇게 되었다. 개에 대해 별로 관심이 없으니 그냥 개일 뿐이다. 남들은 영국산 비글이니 뭐니 하며 개에 대해 물어오지만 나는 뭐라고 대답할 아무런 지식이 없다.

그 개가 지난 칠월 트리플 세븐데이(2007년 7월 7일)에 새끼를 낳았다. 내가 새끼를 내어보겠다는 생각을 해 본 적도 없는데, 몸에 이상이 생기기 시작하더니 그만 여덟 마리나 낳았다. 속 좋은 사람은 옆에서 '당신은 뭐든지 기르기만 하면 수확이 많아요.'하며 기쁜 내색이지만 나와는 무관한 일이다. 다만 그 새끼의 수가 지나치게 많아서 세상에 태어난 목숨이 꺾이는 일은 없어야겠다고 신경을 조금 썼을 뿐이다.

두어 달이 되면서 어미가 새끼들의 젖 보챔을 귀찮아하고 나름대로 꾸지람을 주는 듯하여, 어미에게서 새끼를 떼어내야 할 때라고 판단하였다. 이웃들에게 나누어주면서 암컷 한 마리는 어미의 외로움을 달래기 위해 같이 두었다. 흰 바탕에 누런 무늬가 박힌 새끼는 나름대로 집사람에게 점수를 얻었나 보다. 일찍감치 남겨 놓고 기를 양으로 점찍어 놓고는 이름도 속내를 내보여 '이쁜이'라 칭해 왔기에 다른 놈을 선택한다는 것은 어림도 없는 일이었다. 기실 이 놈은 아내에게 점수를 딸 만하다. 제 형제들 중에서 가장 털빛이 예쁘고 몸매 또한 여성스럽다. 여성은 나름대로 몸매도 있어야 한다고 믿는 아내의 눈에는 딱 맞는 놈이다. 이제는 그 녀석이 제법 자라 어미의 어깨를 오르내린다.

이 놈은 선택된 위세가 대단하다. 늦도록 제 어미의 젖을 빨며 자랄 수 있고, 어미 품에서 계속 사랑을 받을 수 있는 기회를 누리게 되었다. 어미도 많이 귀여워해 준다. 그러다 보니 이놈의 하는 짓이 할미 품에서 자란 버릇없는 손자 꼴이다. 그냥 새끼려니 하고 봐주기에는 지나친 면이 있다. 먹이라도 줄라치면 더 먹겠다고 달려드는 것쯤이야 짐승이니 그럴 수 있다고 치더라도, 제 어미의 입 안에 든 것까지 빼앗아 먹으려는 것은 지나치다. 보다 못해 내가 제재를 하여 버릇을 고쳐주려 하면 생쥐처럼 도망치고 만다. 그러나 이 정도는 귀염둥이로 웃어넘길 수 있다.

그런데 이 놈이 어느 날부터는 더욱 가관이다. 뭔 일인지 제 속에 차지 않으면 어미의 귀를 물고 늘어진다. 간식이라도 줄 것 같으면 먹이는 저만치 두고 제 어미 귀부터 물어뜯는다. 이에 화가 치민 어미가 제법 준엄하게 꾸지람이라도 하는 소릴 내면 앙탈을 부리며 대든다. 요즈음은 모녀지간에 제법 싸움이 잦아 집안이 시끄러울 때가 많다. 아무리 생각해 봐도 별종 맞은 딸 녀석 하나가 나온 것 같다. 가끔 모르는 사람이 와서 어미에게 눈빛을 주면 그것도 참아내지 못한다. 냅다 어미의 귀를 물고 늘어진다. 이렇게 못된 짓만 하는 꼬락서니를 그대로 웃어넘길 수만은 없다. 이런 못된 강아지가 있나 싶어 아내는 회초리를 들고 나서보나 갈수록 안하무인이다.

보다 못한 내가 그 버르장머리를 고쳐주어야겠다고 끼어들었다. 제 어미를 물고 늘어질 때마다 불끈 나서서 헛손질을 하며 몽둥이도 휘둘러보았다. 녀석은 잽싸게 줄행랑을 놓을 뿐 못된 버릇을 고치려하지 않았다. 그런데 이상한 일은 이렇게 제 어미의 귀를 물고 늘어지는 행동이 며칠 전부터 갑자기 생겼다는 것이다. 무슨 연유인지 알 수는 없지만 느닷없이 나타난 못된 버릇이다. 먹이를 더 먹겠다는 것도 아니고, 사람만 가까이 오면 제 어미의 귀를 물어뜯는다. 어찌 보면 사랑 결핍증 같기도 하고, 시기심이 지나쳐서 나타나는 현상 같기도 하다.

이러한 버릇을 고쳐주어야겠다는 나의 판단은 수시로 개 모녀를 주시하게 만들었다. 평상시 다정하게 있을 때에는 어떻게 교육시킬 수가 없었다. 물고 늘어질 때마다 기회를 놓치지 말고 매질이라도 해야겠다고 마음을 정하고 남새밭에서 기다리고 있었다. 그들이 눈치채지 않도록 세심한 배려를 하며 동태를 살피던 중, 나는 그만 봐서는 안 될 광경을 목격하고 말았다.

어미가 제 새끼의 엉덩이에 올라타 이상한 행등을 하고 있는 것이 아닌가. 발정이 난 어미가 제 딸년을 끌어안고 그 짓을 하는데, 그 모습이 어찌나 진지하고 뜨거운지 눈뜨그 보기에 애처로울 지경이었다. 아무 것도 모르고 빠져나가기에만 급급한 새끼는 그예 어미의 귀를 물어뜯고서야 그 상황에서 벗어날 수 있었다.

그 모습을 바라보던 나는 고개를 끄덕였다. 며칠 전부터 새끼가 제 어미를 물기 시작한 연유는 바로 이거였다. 어미가 저 모양이니 새끼가 저 꼴이지, 하는 데에 생각이 미치자 가슴이 답답해져 왔다. 순간 한 십 년은 살아버린 것 같은 공허가 허전한 내 가슴으로 밀물져왔다.

인간이든 짐승이든 다를 바가 없는가 보다. 윗사람이 되어서 산다는 것이 얼마나 어려운 일이며, 그 사람의 행동이 균형을 잃었을 때에 감내해야 하는 수모가 어떤 것인지를 깊이 깨닫게 하는 사건이었다.

별다른 생각 없이 기른 개지만, 그래도 아침저녁으로 먹이는 챙겨주었다고 이런 삶의 진실을 내게 가르쳐 주는 모양이다. 오늘은 없는 시간을 쪼개어 개집을 하나 더 지어야 할 것 같다.

〈좋은 수필 2007년 겨울호〉

떡잎이 갈라지는 것은

　　　　손에 쥐었던 콩을 몇 개 흘렸다. 방바닥에 닿은 콩이 통통 튄다. 튈 때의 자신만만한 모습은 가히 도도하다. 서너 번 튀던 몸을 자제하여 구르기 시작한다. 구르는 소리가 경쾌하다. 그 모습은 나의 시선을 움켜잡는다. 어디 하나 거칠 데 없이 굴러간다. 구르다가 제가 멈추고 싶은 곳에 가서 멈춘다. 멈춘 후에도 제 모습을 간직한 채 흐트러짐이 없다.
　　콩을 가만히 들여다본다. 동그란 것. 어디 하나 흠집이 없이 제 모습을 온전히 간직하고 있다. 콩을 바라보던 희미한 눈에 빛이 들어온다. 범상치 않은 모습에 내 시선은 묶여 움직일 줄 모른다.
　　단단한 껍질로 제 자신을 견고히 싸고 있는 모습이 부럽다. 자신의 세계를 저렇게 온전히 보전하며 살 수가 있을까. 아무리

들여다보아도 속이 보이질 않는다. 속내를 전혀 알아차릴 수 없도록 내색이 없다. 심술이 난 나는 이 콩을 물에 담가 둔다.

하루가 지난 콩의 모습은 의외였다. 그토록 단단하던 껍질이 투명해지며 제 속의 모습을 감추지 못한다. 껍질은 엷어져 탄력을 잃은 채 숨겼던 속을 드러내 보여준다. 그것은 하나의 구球가 아니었다. 동그란 쇠 구슬같이 한 덩이라고 판단했던 나의 생각은 여지없이 무너졌다. 그것은 공을 둘로 나누어 놓은 것 같았다. 하나가 아니고 둘이 하나처럼 붙어서 제 모습을 감추고 있었던 것이다. 가여운 생각이 들어 텃밭에 갖다 묻어 주었다. 그리고 일에 쫓겨 한 주일을 지냈다.

일상의 굴레에서 벗어난 아침, 텃밭에 나간 나는 신기하게 흙을 밀치고 나온 콩의 싹을 만났다. 물에 불려졌을 때는 완전한 대칭 꼴이던 두 쪽이 많이 변했다. 며칠 전까지만 해도 공을 자른 것 같았는데, 그 모습은 어디 가고 잘 생긴 무릎 반으로 갈라 놓은 듯이 길쭉한 모습을 하고 있다. 그것도 둘이 견고하게 붙어 정분을 자랑하더니 마음이 상했는지 서로 쳐다보지도 않겠다고 등을 뒤로 제친 모습이다.

떡잎으로 자란 이것은 서로 의가 상한 것이 분명했다. 그토록 다정히 한 몸으로 붙어 있던 콩의 두 쪽이 저토록 냉정히 갈라 설 수가 있을까. 얼굴도 마주 하지 않겠다고 허리를 뒤로 제치고, 오히려 이웃에 있는 다른 풀들과 어울리려 한다. 가슴에 한을 품고 팽팽히 힘을 겨루며 제 갈 길을 가고 있는 모습이 한편으론 측은하기까지 하다.

며칠 뒤 출장에서 돌아와 바라본 콩은 어느새 떡잎이 시들고 새 잎이 돋아나 있었다. 그토록 싱싱한 모습으로 상대에 대해 기세당당하던 떡잎은 꼴이 아니었다. 둘 다 누렇게 변하여 바로 도태당할 듯이 보였다.

한동안의 공백을 뒤로 하고 출근하니, 그간의 비움이 너무 길었던 것일까. 모두가 낯설고 어색하다. 누군가가 심술이 나서 콩을 물에 담그듯이 나의 일상을 우수의 늪에 밀어 넣었나 보다. 매사가 생소하고 남의 동네에 온 것 같다. 가깝던 동료의 눈빛도 예전 같지 않고, 그 모습을 받아들이는 나의 마음도 여유롭지 못하다. 서로 주고받는 말수가 적어지고, 남처럼 느껴진다. 더러는 무덤덤하게 지내던 동료보다도 더 먼 사람처럼 밀쳐두게 된다.

퇴근하여 텃밭에 나가니 콩이 많이 자랐다. 새로 돋은 잎은 온전한 하나의 생명체가 되어 무럭무럭 커 가고 있다. 그 활기참에 정신을 빼앗긴다. 이제는 한 포기가 되어 나름의 삶을 살아가고 있는 저 모습. 머지않아 저 콩 줄기에서는 꽃이 필 것이고, 그 꽃은 열매를 잉태할 것이다. 가을에는 몇 갑절의 열매를 우리에게 제공해 줄 것이다.

나는 여기에서 세상의 이치에 갈등하는 자신과 마주친다. 과연 두 쪽의 콩이 한 몸처럼 영원히 있었다면 새싹을 틔우고 열매를 맺을 수 있었을까. 콩의 두 쪽이 견고한 껍질 속에 감춰진 채 통통 튀는 모습도 보기 좋지만, 그 모습만 고집했더라면 그들의 열매는 결코 얻지 못했으리란 생각이 든 것이다. 더러는 반목하고 질시하고 싸우고 힘을 겨루는 과정이 있어야 발전도 가능하다는 생각이 느닷없이 의식을 비집고 들어온다.

다만 인간들은 사고의 능력이 있기에 그것들의 의미를 가슴에 끌어안고 고뇌하는 존재라는 생각이 나를 자유롭지 못하게 할 뿐이다. 그 방법이 정당하고 떳떳한 것이면 이해하고 추진의 원동력이 쉽게 될 수 있으나, 비열하여 정당하지 못하고 치졸하면 마음의 안정을 되찾기에는 많은 세월이 요구되는 것이리라.

그러나 어찌 되었든 콩의 두 쪽이 수분에 불려지는 과정을 통하여 갈라서고, 떡잎이 서로 밀어내고 허리를 젖히며 경쟁했기에 열매를 얻을 수 있었다는 사실은 나의 마음에 안정을 찾게 한다. 세상의 이치가 다 그러하거늘 무에 그리 마음 아파하랴. 이것 역시 세상의 돌아감에 한 축이 되어 공헌하고 있는 것이라 생각하니 마음이 편안하다. 한 마음이 되어 같이 웃다가도 서로 반목하여 등 돌리고, 그러다가 다시 웃기도 하는 것이 사람살이려니 하고 살아야 할까 보다.

바구니에서 콩을 한 줌 집어내어 방바닥에 던져본다. 통통 튀는 그 모습이 보기에 참 좋다. 제멋대로 이리저리 굴러가는 모습이 경쾌하게 느껴진다. 문득 스치는 떡잎의 모습을 애써 지워가며 다시 콩을 한 줌 집어 던진다. 역시 그 모습이 보기에 좋다.

〈문학공간 2007년 3월호〉

제3부

마음 여행

인식의 차이
코 골이
한번만 불러줘도 보물인 것을
허수아비를 바라보며
흔들리는 계절
찾아가기 싫은 곳
덤 퍼주기
마음 여행
그리움
냉장고
산의 말씀
달아, 달아, 밝은 달아
질주

인식의 차이

　　　　우리 민족에게는 조상을 모시는 미풍양속이 있다. 이러한 풍습은 효의 개념과 맞닿아 어른을 공경하고, 부모에게 효도하는 좋은 교육의 효과도 있다고 볼 수 있다. 이런 것은 타민족에게서 보기 드문 것이라 믿는다. 그런데 한 가지 짚어볼 것은 이렇게 조상을 받들면서도 정작 조상의 묘소는 두려워하여 멀리 두려는, 이해하기 어려운 묘한 현상이 우리에게 나타난다는 사실이다. 부모의 묘소를 자식들과 가까운 곳에 모시면 좋으련만, 인가에서 멀리 떨어진 곳에 모시는 까닭은 알다가도 모를 일이다.
　중국 항주의 농가는 대개가 삼층으로 되어 있는데, 반드시 옥탑 방이 하나씩 있다. 이 옥탑 방은 그들이 살아 있을 때의 쉼터가 아니고, 죽었을 때의 쉼터이다. 그들은 조상의 유골을 이곳에 모셔 놓았다. 자신들을 낳아 주고 길러 주고 보살펴 주었던 부모의 유골을 자기 집 옥상에 모셔둔 것이다. 즉 이들은 이생에서 가장 가깝게 지내던 자손들과 아주 가까운 곳에서 쉬도록 배려하고 있다.

유럽에는 마을 모퉁이마다 조그마한 '평화의 정원'이 있다. 이것은 서양인들의 유골을 안치한 곳이다. 집과 집 사이에 있는 길가 자투리땅을 이용하여 그들은 묘소를 마련한다. 화장한 유골을 이곳에 묻고, 바로 그 위에 십자가를 꽂고, 꽃을 심어 정원으로 꾸며 놓았다. 또 일본만 해도 그렇다. 일본 사람들은 조상들의 묘소를 도심에다 대리석으로 치장해 만들어 가문의 긍지감마저 키우고 있다.

즉, 이와 같이 타민족들은 조상들의 쉼터를 인가와 멀리 떨어진 곳에 마련하는 것이 아니라, 아주 가까운 곳에 마련하여 돌아가신 조상도 같이 있다는 의식으로 살아가고 있다. 살아 계실 때에 우리에게 많은 은혜를 베풀고 가신 부모님의 묘소를 집 근처에 마련함으로써, 두고두고 그 은혜를 되새기는 계기를 마련한다고 볼 수 있다.

로마를 여행하다 보면, 으레 많은 성당에 들러 참례하게 된다. 그 때마다 우리는 성당 안에 모셔져 있는 많은 분들의 묘소를 접하게 된다. 새로 선출된 교황을 선포하고, 로마 시와 전 세계를 향하여 첫 번째 강복을 하는 곳인 성 베드로 성당만 해도 그렇다. 내부에 들어서면 르네상스와 바로크의 찬란한 예술품들과 웅장한 내부 공간에 위압을 당하게 된다. 이 성당의 내부 길이는 186.36m이고, 여기에 현관까지 포함하면 211.50m에 이른다. 이 성당의 중앙 제대 아래에는 성 베드로의 묘소가 있다. 뿐만 아니라 성 베드로 대성당의 지하에는 '바티칸 동굴'이라 하여 역대 교황들의 묘소와 초대 기독교 시대 때의 묘소들이 있다.

우리와는 너무도 차이가 있다. 우리는 묘지를 중시한다. 묘를 건드리면 가세의 흥망이 좌우된다 하여 함부로 손도 대려하지 않는다. 그래서 이장이나 벌초도 하는 날을 정해 놓고 경건하게 수행한다. 죽은 사람에 대한 예우인지, 아니면 죽은 혼령에게 화를 당할지 모른다는 두려움인지 알 수가 없다. 그것은 생각하기 나름일 것이다. 심약한 사람은 자꾸 신경을 쓰다 보면, 좋지 않은 일과 연결지어 사실처럼 여기기 마련이다.

서양의 장례와 우리의 장례는 완연히 다른 모습을 보이고 있다. 그들은 우리네가 두려워하는 시신을 성당 지하에 안치하고 그 위에서 많은 사람들이 미사를 보기도 하고, 집 곁 조그마한 여유의 땅에 유골을 묻고 예쁘게 꽃으로 단장을 하기도 한다. 이토록 그들은 죽은 자에 대해 두려워하질 않고 가까이 두려 한다. 살아 있는 사람보다 죽은 망자에게 두려움을 느끼는 우리의 사고와는 많은 차이가 있다. 사실 죽은 자보다 살아 있는 사람이 더 무서운 세상이 아니던가. 우리의 장례문화에 대해 한번 생각해 볼 일이다.

〈영성문학 8집 2006년 12월〉

코 골이

나처럼 쉽게 잠이 드는 사람도 없을 것이다. 자리에 누우면 금시 잠이 든다. 같이 얘기를 하고 있다가도 느닷없이 코를 골아 옆에 있던 사람이 황당해 하기도 한다. 그러나 긴 잠은 아니다. 짧으면 삼십 분이고, 길으면 두 시간이다. 이렇게 한숨 자고 일어나서 책을 보거나 글을 쓴다. 남들이 깊이 잠든 오밤중에 일어나 나 홀로 원고와 씨름을 하고, 부지런한 사람이 눈을 비빌 시간이면 다시 잠자리에 든다. 그러니까 나는 자정 무렵에 한숨 자고 일어나 일을 하고 다시 새벽녘에 잠을 자니, 하루에 두 번 자는 셈이다. 이러한 습관은 오래 전에 생겼다. 내가 원고를 쓰기 시작하면서부터 생긴 버릇이다.

그러나 사람들은 언제나 제 집에서만 잘 수는 없다. 가끔은 출장도 가고, 모임에서 행사가 있어 외지에서 밤을 보내게도 된다. 이런 때는 내 습관대로 행동할 수가 없으니, 많은 어려움이 따른다. 남들이 대화할 때는 하품을 쏟아내다가 그들이 잠들기 시작하면 일어나 부스럭거려 남의 잠을 설치게 하기 마련이다. 마음이 많이 쓰여 다른 사람의 생활에 맞추려 노력한다. 내 잠버릇을 뒤집어 놓는 방법으로 술을 마시며 견뎌낸다. 자정이 넘어서야 술에 전 몸을 잠자리에 들게 한다. 이런 날은 긴 잠을 자지만 몸은 오히려 무겁다.

참 편리한 것이, 나는 등이 땅에만 붙으면 바로 잠에 떨어지고 만다는 사실이다. 잠자리에 같이 가더라도 남들이 옷을 벗어 정리하는 동안이면 나는 벌써 세상모르고 잠에 빠지고 만다. 어지간하여서는 꿈도 꾸지 않는다. 아주 깊은 잠을 자는 것이다. 짧은 시간 동안 잠을 자더라도 뒤척이지 않고 깊이 자니, 피로는 잘 풀리는 편이다. 아무리 피곤해도 이렇게 곤한 잠을 자고 나면 몸은 거뜬하다. 긴 시간을 자지 않아도 피로 회복의 속도는 빨라서 몸이 한결 가벼워진다.

한번은 행사에 참석한 후 술이 덜 되었는지 도중에 잠이 깬 적이 있었다. 한 두어 시간 잠을 자고 일어났다. 한숨 자고 일어났기에 정신은 맑았다. 집에서라면 원고를 만질 시간이다. 그러나 지금은 그럴 수도 없고, 상당히 난감한 시간이 되었다. 정신은 맑은데, 아무 것도 할 수 없다는 것은 나를 더 힘들게 했다. 다른 사람들이 잠에서 깨어날까 두려워 조심을 하며 견딘다는 것은 쉬운 일이 아니었다. 그날 밤 나는 꽤나 힘든 밤을 보냈다.

남들이 자고 있는 시간에 혼자 일어나 있다는 것은 한마디로 고통이었다. 내 맘대로 할 수도 없는 처지로 날밤을 새워야 하는 것은 정말 고역이었다. 가만히 일어나 벽에 등을 기대고 앉아 있자니, 옆에서 자는 사람의 코고는 것도 보통이 아니었다. 좁은 공간의 방안을 흔들고 있었다. 저 코고는 소리 속에서 내가 자고 일어났다는 것이 신기하게 느껴졌다. 어떻게 이런 소음 공해 속에서 잠을 잤을까. 한참 코를 골다가 느닷없이 숨이 멎을 때는 더럭 겁도 났다. 숨이 끊어진 것 같이 느껴졌다. 그러나 그는 잠시 후에 긴 숨을 내쉬고는 다시 코골기를 계속하는 것이었다.

거의 뜬 눈으로 날밤을 새우고 나니, 몸이 무거웠다. 새벽녘에 한숨을 더 자야 하는데 그러지를 못하였다. 몸이 좀 무겁다는 생각을 지울 수가 없다. 창밖이 서서히 밝아오는 것을 보니, 날이 새는가 보다. 이제는 날이 새었다는 생각에 양치를 물고 욕실에 들어가 세면까지 하고 나오니 옆에서 자던 분이 내 기척에 잠이 깬 모양이다. 벌떡 일어나 담배에 불을 붙이며 한마디 한다.

"강 교수님, 코 참 엄청나게 고릅디다."

"제가요?"

조금 전까지만 해도 그의 코고는 모습을 지켜보고 있던 나는 어안이 벙벙했다. 참 코도 심히 곤다고 생각하고 있었는데, 그는 내가 잠들었을 때의 모습을 지적하는 것이었다. 지금까지 내 자신 코를 곤다는 사실을 알지 못하고, 남의 코고는 모습만 탓하고 있었던 것이다. 순간 부끄러웠다. 정작 코골기는 내가 더 심한데 남의 흉만을 보고 있었던 것이다.

어쩜 사람이란 이렇게 제 허물은 모르고 남의 허물만 탓하고 사는지도 모를 일이다. 성서에 있는 '형제의 눈에 든 티는 보면서도 제 눈 속에 들어 있는 들보는 깨닫지 못한다.'(마태오 7-3, 루가 6-41)는 말이 이렇게 절실하게 내 가슴에 와 닿은 적이 없었다.

그러나 다행이다. 제 허물을 알면서도 남의 허물만을 탓하는 사람도 있는데, 그래도 내 허물을 모르는 채 남의 허물을 탓했으니 얼마나 다행인가. 이제는 좀 생각을 바꾸고 조심하면 될 일이다. 그리고 자신에게도 그런 허물이 있을 수 있다는 가능성 속에서 늘 주의하는 삶을 살면 될 일이다.

내 자신 코고는 모습을 상상해 본다. 어떤 모습으로, 얼마나 심하게 코를 골까. 아까 옆에서 잔 분처럼 그렇게 심하게 고를까. 아니, 그보다 더 심하게 고를지도 모른다. 입을 딱 벌리고, 낮 동안의 피로를 몽땅 쏟아내고 있을지도 모른다. 세상의 고뇌란 고뇌는 다 토해내듯 숨을 뿜어내며 잘지도 모른다. 코골기를 하다가 느닷없이 숨이 멈추기도 하여 주위 사람들을 놀라게 할지도 모른다. 그것도 모르고 남의 탓만 했다니…….

느닷없이 웃음이 나오며, 나도 모르게 엉뚱한 말이 흘러나왔다.
"그러니까 인간이지."

무슨 영문인지 알지 못하는 그 분은 의아한 표정을 지으며 나를 빤히 올려다보고 있다.

〈에세이 21. 2006년 **여름호**〉

한번만 불러줘도 보물인 것을

없다. 정말 없다. 우리 집에는 가보家寶가 될만한 물건이 아무리 찾아도 나타나지 않는다. 흔히 가보라면 그 가정에서 조상대대로 대물림하여 내려온 것을 일컫는다. 그러니 내 집에는 그런 것이 있을 리 없다. 결혼하여 살림날 때에 아무 것도 받아들고 나온 것이 없으니 그럴 만도 하다. 집안 어디를 뒤져보아도 오래 된 물건은 없다. 모두가 내가 결혼한 후에 마련한 것들이니 내 나이만큼 된 물건도 찾아내기 힘들다. 그런 가정에 무슨 가보가 있으랴.

한참을 찾아도 없던 집안의 가보가 어느 순간 마음을 바꾸니 고개를 내밀기 시작한다. 그것도 한두 개가 아닌 여러 종류의 것이 자신이 이 집안에서 가장 소중하고 가치 있는 보물이라고 주장을 내세운다. 하긴 뭐가 없으면 뭐가 날뛴다고 어중이떠중이 다 제가 제일이라고 나서는 것이다. 그것들을 한 줄로 세우고 진정 가보가 무엇일까 가려본다. 정말 난망하다. 고만고만한 것들이 앞 다투고 있다. 이제 내 마음이 선정하는 것에 따라 그들의 운명은 보물이 되고 길가에 버려지는 돌멩이가 될 것이다.

그래도 우리 집 가보 제 일 호는 가족이지 싶다. 한평생 좋으나 싫으나 남편의 곁에서 반려해 주고, 남편의 적은 결실에 만족해하면서 가정을 이끌어준 아내. 남다른 성미로 오나가나 신경질뿐인 사람을 사랑으로 어루만져주고, 더러는 축 쳐진 나의 어깨를 세워 주었던 아내는 보물 중의 보물이다. 그리고 제 아비를 빼어 닮은 딸아이. 눈썰미가 있어 한번 본 것이면 제 손으로 만들고, 자신에게 주어진 일이 있으면 날밤을 새워서라도 끝내는 아이. 가만히 놔두어도 제 일은 스스로 해결하려는 성미를 가지고 있는 딸아이가 가끔은 대견스럽다. 여기에 한 사람 더 있다. 지각知覺은 빨라도 반응은 신중하고, 사람의 마음을 읽어내는 데는 초인의 능력을 가지고 있는 아들. 고운 마음씨는 제 어미를 빼다 박아 사람의 마음을 스르르 녹게 하는 마력을 가진 아이. 어쩌면 저리도 말을 예쁘게 할까 하여 제 어미의 덜 찬 속을 가득 채워주고, 한번 깨달으면 물불가리지 않고 자신의 책무를 완수하는 아들도 있다. 이들보다 더 소중한 보물은 없을 것이다.

다음의 가보는 건강인 것 같다. 연말 정산에 의료비 혜택을 제대로 받을 기회를 제공하지 않는 우리 가족의 건강. 이것 역시 보물이라면 보물이다. 밤낮없이 달려드는 일들을 밤잠을 줄여서 하나씩 처리해 가도 버텨주는 건강은 하루에 네 시간의 휴식으로 만족하라 해도 투정부리지 않는다. 아내도 건강은 타고났다. 하루 종일 운전을 하고도 드러눕지 않고 저녁상을 차린다. 나이가 들어 다리가 좀 불편해도 남의 신세지지 않고 생활을 꾸리고, 약 한 톨 입에 털어 넣지 않고 파스나 가끔 붙이며 사는 아내도 신에게 받은 보물이다. 아이들 역시 그렇다. 가끔은 고뿔이 찾아들어도 제 힘으로 내몰고 동네의 병원을 문 닫게 하는 데에 일조를 하는 아이들의 건강 역시 보물임에는 틀림없다.

또 하나의 가보는 가족간의 신뢰와 사랑이다. 이 분야에 가장 힘을 보탠 사람은 역시 아내이다. 아내는 결혼 초에서부터 지금까지 가족의 외출을 혼자 내보내지 않았다. 내가 아침에 출근할 때는 물론이고 저녁에 술이라도 한잔 하러 외출해도 반드시 대문 앞에 와서 전송했다. 나뿐만이 아니라 아이들이 등교를 하든, 서점에 책을 구입하러 가든 반드시 대문 앞까지 나와서 전송했다. 이것은 아내 혼자만이 아닌 전 가족의 행동으로 이어졌다. 그래서 우리 집은 가족의 구성원 중 누구든지 밖에 나가는 일이 생기면 모두 대문 앞에 나와서 전송을 한다. 물론 신뢰의 포옹은 반드시 절차에 끼이게 된다.

이러한 가족의 전송법은 생활화된 우리 집의 므습이다. 이렇게 원고를 쓰다가도 아이가 외출한다면 일을 멈추고 자리에서 일어나 대문 앞으로 가는 것은 이상한 것이 아니다. 가족간의 전송법으로 형성된 가족애와 신뢰는 남에게 떳떳하게 내놓을 수 있는 가보 중의 하나이다.

여기에 가족이 편히 쉴 수 있는 보금자리가 있으니 행복이다.

그것도 남이 지은 집에 들어가 사는 것이 아니고, 내가 땀과 정성을 들여 지은 집이니 어찌 가보가 아니겠는가. 지난 사 개월 동안은 바다와 사람이 함께 어우러질 수 있는 곳에 집을 한 채 지었다. 거실의 난간에 나가 내다보면 바다가 가슴으로 뛰어들고, 사람들의 사는 모습이 한눈에 들어온다. 답답한 가슴이라도 이곳에 서면 시원하게 열리고 마는 곳. 이곳이 내가 마음 편히 코를 골아도 되는 공간이다. 제 손으로 짓고 가족이 함께 쉴 수 있는 공간이니 이 역시 보물이다.

세상의 모든 것은 생각하기에 따라 엄청난 의미의 차이가 나타나는가 보다. 처음엔 아무리 찾아도 나타나지 않던 가보가 생각을 바꾸니 끝없이 드러난다. 내 주위에는 많은 보물들이 자신을 뽑아 달라고 아우성이다. 이제는 이것을 다 보물로 인정해 주어야겠다.

앞으로 내 주위의 모든 것들을 보물로 불러주어야 할까 보다. 내 눈에 비치는 것들을 다 소중하게 생각하고 그것들을 보물로 간직하려면, 그에 맞는 나의 넓은 마음도 필요하리라. 모두의 존재를 인정하고 그 의미를 소중히 간직해야 내 곁에서 오래오래 있어줄 보물들일 테니까. 우리 집에는 모두가 보물로만 이루어져 있음을 깨닫는다. 앞으로는 이들을 소중히 간직하기 위해 입술이 헤지도록 '보물'이란 말을 달고 다녀야겠다.

'보물' 하고 부르면 누가 맨 먼저 내 앞으로 달려 나오나 한번 불러봐야겠다.

"보물!"

〈대한문학 2007년 여름호〉

허수아비를 바라보며

12월이다. 벌써 한 해를 마무리해야 하는 시점에 와 있다. 그런데 참 이상한 것은 전혀 그런 기분이 들지 않는다는 것이다. 내 귀는 어느새 크리스마스 캐럴이라도 바라는 것 같은데, 도심에는 그런 소리 하나 들리지 않는다. 한참을 걷다 보면 마치 구월의 초입 같은 착각에 빠지고 만다. 지나가는 사람들 모두 무표정하게 걷고 있다. 별다른 기대감도 없이 그냥 일상의 걸음을 옮겨 놓고 있다.

들판으로 나와도 기분은 매 한가지다. 예년보다 따뜻해진 기후 덕인지는 몰라도 전혀 마음이 바쁘지 않다. 텅 빈 들판이라 해도 무엇인가 남아 있을 것 같은 착각이 마음속에 둥지를 틀고 들어앉아 자리를 내어주지 않는다. 허허로운 들판을 걸으면서도 좀 더 가면 아직 수확하지 않은 나의 몫이 있을 것 같은 기대감이 있다. 하지만 그 기대는 확실한 것이 아닌, 막연한 것일 뿐이다. 그냥 추수해야 할 일이 남았다는 기분 같은 것이 내 가슴에는 남아 있다.

 허전한 마음을 움켜잡고 들어와 서재에 앉아도 그 기분은 바뀌지 않는다. 여기저기 꽂혀 있는 책을 살펴봐도 별다른 의미로 와 닿지 않는다. 그냥 종이 뭉치일 뿐이다. 더러는 새로운 분장을 하고 나타난 책에 반해서 날밤을 새워봄 직한데, 그런 충동을 느끼지 못한다. 시간이 얼마나 지났는지도 모르고 앉아 있다간 밖에서 들려오는 소리에 깜작 놀라 자리를 털고 일어서기 일쑤다.

 텅 빈 들판의 공허함처럼 내 삶도 공황이다. 분명 연초부터 부지런히 달려왔는데 무엇 때문에 그랬는지조차 모르겠고, 그렇다 할 삶의 흔적이 남아 있지 않다. 그냥 허허로울 뿐이다. 눈 아래에서 무성히 자라는 벼 포기를 바라보면서 막연히 수확의 기대를 갖고 한 해를 보낸 들판의 허수아비와 나는 너무도 닮았다.

 무럭무럭 자라는 작물들의 모습에 하루가 즐겁던 시간은 어디로 가고, 지금은 을씨년스러운 들판의 한 귀퉁이에 서 있는 하수아비. 실바람에 담소하며, 가을 햇볕을 받아 익어가는 나락들을 바라보던 즐거움도 떠나버린 지 오래다. 바라만 보아도 좋았던 나락들의 영글음. 이제는 그들이 다 떠나버린 들판. 그곳을 아직도 지키고 있는 허수아비의 모습이 순간 나의 가슴을 친다.

 왤까. 무엇이 나를 이렇게 공황에 빠지게 한 것일까. 분명 나는 밤잠을 줄이며 일을 해 왔는데 내 손에 쥐어진 나락은 없고, 태풍에 삶을 포기한 빈 쭉정이들만이 가득하다. 연초에 가졌던 커다란 기대와 희망은 여름의 가뭄과 태풍을 지나면서 서서히 접어내리고, 이제는 별다른 욕심도 갖지 않고 있다. 그런데도 막연히 수확할 일이 남은 것처럼 나는 들판을 서성이고 있다.

허전한 마음을 달래기 위해 허허로운 벌판을 헤맨다. 수확하고 떠난 자리에 흘렸을지 모르는 이삭이라도 줍고 싶다. 그래야 나의 한해가 덜 허전할 것이기에. 하지만 그 벌판에 떨어진 이삭도 쭉정이가 태반이다.

왜 나의 들판이 이렇게 황폐하도록 나태했는가. 내가 내놓은 관심이 최선의 것이라고 판단한 탓이리라. 진즉에 관심을 더 가지고 정성들여 가꾸었더라면, 이 같은 절망에는 떨어지지 않았을 것이다. 지나간 계절에 충실하지 못한 게 분명하다. 열매를 얻기 위해 정성을 다하지 못하고 이제 와서 허망에 떠는 것은 내가 미련한 소치다. 그러기에 모두가 떠난 들판에서 나 홀로 남아 쭉정이 속에서 하나의 낱알이라도 찾아보려고 고심하고 있는 것이리라.

허수아비의 사랑을 받던 곡식들은 열매 맺고 난 후엔 하나같이 제 길 찾아 떠나갔다. 온 세월 하루같이 들판을 지킨 허수아비도 모두가 떠난 아픔 속에서 외로움에 떨고 있는데 나 같이 나태한 삶을 산 자가 무엇을 갈망하겠는가. 작물들과 어울려 실바람에 춤도 추고, 광풍 앞에서는 가슴 쓸어내리며 삶을 같이 한 허수아비. 새들의 강탈에도 후어이 후어이 팔 내두르며 아픔을 같이 했던 허수아비도 아무 말이 없는데 내가 무슨 할 말이 있겠는가.

내 삶의 들판에서 나태했던 지난 세월을 반성하며, 그래도 허수아비의 교훈에 귀를 기울인다. 자신의 노고를 기억하지 말라. 내가 내어준 한 스푼의 땀을 헤아리지 말라. 그게 다 허망인 것이다. 그렇게 다 버리고 떠나도 허수아비는 내년에 다시 논둑을 지킬 것이다. 알량한 인간만이 타산적으로 셈하고 들판을 떠날 준비를 한다. 농촌에 가 보라. 이재에 밝은 젊은이들이 어디 남아 있는가. 모두 떠나고 없다.
　그래서 허수아비는 논둑에서 더 빛이 나는 것이다.

〈새거제신문 2008년 12월 4일〉

흔들리는 계절

흔들리고 있다. 나의 계절이. 언제나 정연한 질서에서 이탈하지 않던 나의 계절이 흔들리고 있다. 일정기간 봄의 향기와 여름의 푸름과 가을의 결실과 겨울의 휴식이 안배되어 있던 계절의 순환에 무질서가 찾아들었다. 잔혹한 여름의 긴 버팀과 차가운 겨울의 굳건한 지킴이 봄과 가을을 반으로 잘라내었다. 혹자는 지구의 온난화를 지목하지만, 우선 내 가슴에 피어오르는 이 흔들림을 어찌 묵과하고 남을 탓하랴. 어느새 내 마음도 이 계절처럼 흔들리고 있는 것이다.

봄은 얼마나 아름다웠던가. 예쁘게 솟아나는 새싹은 나를 매료하고도 남았다. 숲을 수놓은 가지각색의 새 이파리와 피어나는 봄꽃을 못 본 척하기에는 너무도 벅찬 일이었다. 뿐만 아니라 여기저기 솟는 봄의 희망은 나에게 커다란 의미로 다가왔다.

산등성이에 피어나는 참꽃은 물론이요, 무덤가 잔디에 둥지를 튼 할미꽃의 굽은 그리움은 나의 판단력을 흐리게 했고, 그 흥취에 겨워 봄 바닥에서 떠나지 못 했었다. 그렇게 봄의 유혹에 넘어갔고, 그곳에서의 탈출은 어려웠다. 아니 탈출보다는 봄의 뜰에서 쫓겨나지 않기를 바라며 살았다. 역시 봄은 매혹적이었다.

 봄을 수놓은 것들은 서서히 여름으로 옮겨가며 또 다시 놓아주지 않았다. 여름의 풍성함은 수밀도의 즙으로 현혹했고, 언제나 친근하게 내 곁에서 사랑을 속삭였다. 그 밀어는 그윽하여 정신을 혼미하게 했고, 마침내는 자신의 품안으로 나를 안아갔다. 품에 안긴 뒤로 빠져나올 수가 없었다. 대단한 각오로 탈출을 시도해 보았지만, 번번이 수포로 돌아갔다. 나의 몸부림은 언제나 수면에 이는 미미한 파문에 불과했다. 완전히 계절의 노예가 되어 있었다. 그의 입술에 정신을 잃고 허덕이는 몸종에 지나지 않았다.

 가을이 되어서야 나의 미숙함을 자각한다. 계절의 품에 있을 때는 나만이 안겨 있는 줄로 알았다. 그러나 계절은 세상의 모든 것들을 자신의 품에 안고 있었다. 이제 자리를 펴고 안았던 것들을 품에서 내려놓으려 한다. 그 많은 것들 중에 아주 미미한 존재가 바로 나였던 것을 이제야 알아차린다. 계절은 세상의 모든 것들의 특성을 드러내어 한바탕 판을 벌리고 있다. 이 잔치가 끝나면 주위의 것들을 모두 물리고 홀연히 떠나겠지, 계절은. 설렘과 사랑과 풍요와 신뢰까지도 모두 거두어가려는 듯이 보인다. 그는 세상의 모든 것들을 자신의 노리개로 즐기다가 슬쩍 사라지는 것은 아닐까. 그의 유유함은 마치 지상을 떠나는 안개같이 여유롭다. 무슨 미련이 있으랴 시피 품에 안았던 것들을 훌훌 내려놓는다. 그리고는 홀가분하게 자신의 몸을 치장하기 시작하더니만, 나 같은 것은 안중에도 없는 듯이 떠나갔다.

 이제 내 곁에는 계절의 풍성함은 없다. 봄의 색조와 여름의 풍요와 가을의 자성이 모두 떠나버린 이 겨울의 빈자리에는 침묵만이 흐르고 있다. 긴긴 겨울밤의 화롯가 정담도 잊은 채 나는 창가를 서성이고 있다. 모두가 떠나버린 공간은 그래도 사랑이 있던 곳이라 나는 그 속에서 헤어나지 못하고 이렇게 허전에 떨고 있다. 그러면서 서서히 깨닫는다. 계절을 사랑하는 것은 부질없는 짓이라는 것을.

 내 가슴 속에서도 변란이 일어나고 있다. 내 곁을 찾는 계절의 유혹에 더 이상 눈멀고 귀먹어서는 안 된다는 깨달음이 스멀스멀 고개를 들기 시작한다. 계절이 지나가면서 뿌리는 미소에 오금을 졸이던 미숙함에서 빠져나와야 한다. 미소 지을 때에 파이는 볼우물에 빠지는 일은 더 이상 있어서는 안 된다. 조그마한 몸짓에도 매료되어 한곳만 찾던 내게 변화가 인다. 계절의 몸짓은 오직 하나이고, 그것을 지상 최고의 것으로 인식하던 것이 얼마나 우매한 처사였던가. 그런 아름다움은 어디에도 있고, 누구나 다 가지고 있는 것이거늘, 계절에게만 있는 것으로 착각하고 있었던 것이다. 이 같은 좁은 식견으로 살았으니, 한 가지 외에는 알지 못하는 편협에 대한 질타가 끼어들고 있다.

 허허로운 겨울의 들판에서 나는 모두를 내려놓는다. 일도 사랑도 계절까지도 다 내려놓는다. 이 세상에서 믿을 수 있는 것은 오직 자기 자신뿐이라는 것을 비로소 절감한다. 우정도 사랑도 믿음도 신뢰도 계절이 옷을 갈아입듯이 다 시간과 장소에 따라 변질된다는 것을 비로소 통감한다. 오로지 아름다움을 향해 노력하는 마음뿐인 줄 알았는데, 품안에 든 사람을 병들게 하고 있었던 것이다. 적어도 계절에 안긴 것이 행복이라 생각했는데, 뼈마디가 문드러지는 아픔이었다. 계절에 대한 한결같던 나의 사랑은 그렇게 어리석어 보일 수가 없다. 남들은 다 터득하여 살아온 것을 나는 이제야 깨닫는다. 봄, 여름, 가을, 겨울의 모습들이 조금씩 차이는 있어도 그 본질은 언제나 같은 것임을 왜 몰랐을까.

내 계절이 흔들리고 있다. 흔들리는 계절 앞에서 어리석은 나를 발견한다. 계절의 순환에 매료되어 그의 노예가 되었던 지난 날들 앞에 내 영혼을 두드려 깨워야 한다.

"일어나라, 일어나라."

〈수필세계 2010년 겨울호〉

찾아가기 싫은 곳

　　　　　이번 추석 명절에도 나는 그곳에 가지 않았다. 오랜만에 긴 시간의 여유를 가지고 고향에 내려갔지만 역시 그곳에 가지 않았다. 잔디도 궁금하고 그리움도 있어 한번쯤 갈 만한데 정작 나서려면 마음이 내키지 않았다. 전에는 아버님의 산소를 오르다가 동생이 있는 곳을 지나게 되어 들르기도 했었다. 하지만 몇 해 전 조상들의 묘소를 한 곳으로 옮겨 오면서 아버님도 가까이 모셔 와서 동생만이 혼자 남게 되었다.

　사실 전에도 아버님의 산소를 찾다가 스치게 되는 동생의 묘로 발길을 옮기기는 그리 기분 좋은 일이 아니었다. 더러 가긴 해도 마음이 편치 않았다. 무슨 이유라고 딱히 말할 수는 없어도 동생의 무덤에 가는 일이 그렇게 마음에 내키는 일은 아니었다. 물론 조상들의 묘원이 집 근처로 내려왔다 해도 그리 먼 거리는 아니다. 그런데도 묘원에 들렀다가 나오면서 나는 갈등하다가는 되돌아서기 일쑤였다.

　동생은 나보다 두 살 아래였다. 어려서부터 미운 정 고운 정 다 박힌 동생이었다. 어쩌다 부모님 모르게 친구들과 어디 좀 가려하면, 으레 따라와서 거북하던 동생이다. 동생을 따돌리기 위해 논두렁으로 내빼도 용케 알아차리고 쫓아오던 동생이다. 나 혼자라면 부모님에게 꾸지람이 있을 리 없는 경우도 동생으로 인해 책잡히는 경우가 많았다.

　한번은 산딸기를 따러 산에 오른 적이 있었다. 친구와 산에 오르는데 동생이 따라나선 것이다. 정말 동생을 따돌리기는 쉽지 않았다. 하는 수 없이 데리고 간 것이 화근이었다. 한참을 딸기를 따고 있는데 소나기가 밀려왔다. 삽시간에 소나기는 우리의 몸에서 온기를 빼앗아 달아났다. 물에 흠뻑 젖어 돌아온 우리는 사랑채로 숨어들었다. 사랑방에는 비를 피해 수확한 밀을 말리고 있었다. 방바닥도 뜨끈뜨끈했다. 우리는 속옷까지 벗어서 물을 짜낸 다음 밀을 밀치고 방바닥에 펼쳐 널었다. 남부끄럽다며 밀을 모아 온몸을 덮고는 옷이 마르기를 기다렸다.

　그러나 우리의 이러한 음모는 바로 들통나고 말았다. 동생이 소피가 마려워 밖으로 나가야 하는데, 옷이 없었다. 결국은 젖은 옷가지를 걸치고 나갔다가 어른들의 눈에 띄고 만 것이다. 우리는 알몸으로 끌려나와 물세례를 받았지만, 동생의 얼굴이 가장 잘 떠오르는 것은 이날의 모습이다.

　동생과는 유별나게 묶여 살았다. 초등학교 때는 늘 쫓아다니며 나의 활동에 장애가 되더니만, 중학교도 그 많은 학교 중에 같은 곳이었다. 고등학교 시절에는 잠시 떨어져 살았고, 대학시절에는 같이 자취생활을 했다. 공교롭게 군 입대도 같은 날이었고, 우리는 같은 부대에서 군 생활을 함께 했다. 형제가 같이 하는 졸병생활은 동물원의 희귀 동물과도 같았다. 처음 듣는 사람마다 우리 둘을 불러 세웠다. 이 일이 잦게 되자 조금은 짜증이 났다. 그것은 순전히 나의 잘못이었다. 내가 공부를 합네 하고 입대를 늦추다 보니 그렇게 된 것이니 피해자는 동생이었다.

그러나 동생은 한번도 불편한 심기를 내보이지 않는 심성이 고운 사람이었다. 그렇다고 내가 먼저 미안함을 내보인 적도 없다. 늘 그것이 동생에게 미안했지만 굳이 말하지 않아도 내 심정을 아는 동생이었다.

제대하여 결혼하고서도 동생의 여리고 고운 마음씨는 이어졌다. 좀 손해 보는 일은 본인의 몫으로 떼어 놓았다. 속에 있는 서운함을 한번도 표현하지 못하고 참아냈다. 그것은 동생에게 엄청난 고통이었을 것이다. 서운함을 혼자 삭히는 사람의 고통은 결코 가벼운 것이 아니다. 결국 동생은 암과 싸워야 하는 신세가 되고 말았다.

폐암이 많이 진행된 후에야 발견이 되어 병실에 누워 있는 동생을 바라보기가 싫었다. 그의 고통을 바라보아야 하는 것은 그를 사랑하는 형제들의 몫이었다. 너무도 힘든 투병생활을 했다. 입원기간이 길어지며 동생은 우리의 행동에 전혀 반응하지 않는 사람으로 변해갔다. 형제들이 문병을 가도 반색하지 않았다. 감정의 미동도 없이 누워만 있었다. 어쩌면 앞으로 다가올 세상에 대한 준비였는지도 모른다.

두 해에 걸친 투병 끝에 동생은 떠나갔다. 그 새벽, 어둠이 짙게 내려앉은 시각에 달려간 병실에는 침묵만이 흐르고 그는 내가 찾아왔는데도 눈조차 뜨지 않았다. 미동조차 없었다. 이 고요는 동생이 오래 전부터 준비해 온 것처럼 느껴졌다. 어린 조카들의 우둔한 손이 나의 가슴을 움켜잡을 뿐이었다.

장지에 동생을 내려놓고 오던 날, 산을 내려오면서 왜 나는 목월 선생의 〈하관〉을 떠올렸을까.

> 관棺이 내렸다./ 깊은 가슴 안에 밧줄로 달아내리듯,/ 주여/ 용납容納하옵소서./ 머리맡에 성경을 얹어주고/ 나는 옷자락에 흙을 받아/ 좌르르 하직下直했다.

병실에서 본 마지막 동생의 모습이 머리에 스친다. 주위 사람들이 걱정의 눈빛을 보내도 초연히 누워만 있던 동생. 그가 준비한 것은 우리의 요구에 반응하지 않고, 혼자서 세상일을 삭히는 방법이었을 게다. 그래서 훗날 꿈속에서 만나도 내 말을 전혀 듣지 않고 멀어져만 간 것일 게다.

> 그 후로/ 그를 꿈에서 만났다./ 턱이 긴 얼굴이 나를 돌아보고/ 형兄님!/ 불렀다./ 오오냐. 나는 전신全身으로 대답했다./ 그래도 그는 못 들었으리라./ 이제/ 네 음성을/ 나만 듣는 여기는 눈과 비가 오는 세상.

이제는 동생이 떠난 지 여러 해가 된다. 서서히 나의 감정도 시들해지고 조카들의 안부도 덜 챙기는 처지가 되고 말았다. 아직 이생에 남아 있는 조카들의 모습은 내 머리에서 지워지는데, 동생의 그 어질던 마음은 하나도 변하질 않는다. 지금이라도 마주치면 더 아픔으로 커갈 것 같아 나는 동생을 찾아가질 못한다. 한편으로는 먼저 가 버린 동생이 미워 증오의 마음이 일기도 한다. 내가 앞에 나타나도 몸조차 움직이지 않던 동생. 내가 무어라 위로해도 대꾸 하나 없는 동생. 병실에 있을 때도 무에 그리 급해서 저승에서 할 행동을 익혔을까. 중환자실에 누워 가느다란 호스에 숨을 의지하고 미동조차 않더니만, 꿈에 나타나서도 줄기차게 그 모습만 보여준다.

　　너는/ 어디로 갔느냐./ 그 어질고 안쓰럽고 다정한 눈짓을 하고,/ 형님! 부르는 목소리는 들리는데/ 내 목소리는 미치지 못하는,/ 다만 여기는/ 열매가 떨어지면/ 툭 하는 소리가 들리는 세상.

　지금 동생은 내 옆에 없다. 내가 찾아가 불러도 대답할 수 없는 곳에 가 있다. 대답도 못하고 반기지도 못하면서 나의 모습을 보려면 얼마나 고통스러울까. 그 메어지는 가슴은 어떻게 달랠까. 오랜만에 동생을 찾아가자 하면서도 나는 내 생각을 내려놓는다. 아직은 명절이 몇 차례 찾아와도 나는 동생에게 갈 수 없을 것 같다.

〈수필시대 24. 2009년 1/2월호〉

덤 퍼주기

덤. 이것만큼 사람들의 사랑을 받는 말이 또 있을까. 비록 이마가 좁은 사람이라도 이것만은 좋아한다. 평소에 공짜를 밝히지 않는 사람도 자신이 치른 대가 외에 덤으로 얹어주는 것에 대하여 싫어할 사람은 없다. 얹어주는 것을 마다하지 않는 정도가 아니라, 은근히 더 얹어줄 것을 넌지시 표현하기도 하고, 마음이 조급해서 직접적으로 요구하기도 한다. 심한 경우에는 그 요구가 지나쳐서 말다툼에 이르는 경우도 있다. 이렇게 되면 이젠 덤이 아니다.

덤은 내어놓는 사람의 따뜻한 마음이 전달될 때에 그 가치가 있다. 먼저 요구하면 그 의미는 상실된다. 굳이 말하지 않아도 스스로 알아서 조금 얹어줄 때에 흐뭇함을 느낀다. 그 느낌은 오래 가서 뒤의 행동에도 영향을 미치는 것이다. 이러다 보니 덤은 오직 다른 사람에게서 받는 것으로만 착각하기 쉽다.

　사람들은 덤을 눈앞의 이득에만 한정하려는 경향이 있다. 내가 내어놓는 것은 전혀 생각하지 않고, 받아 챙기는 쪽에서만 그 의미를 찾으려 한다. 하지만 내어놓는 쪽에 더 큰 즐거움을 안겨주기도 한다. 그것을 터득하고 행동으로 옮기기까지는 쉽지 않다. 지금 당장 내 손에 들어오는 것은 가시적이지만, 베풂에 대한 보답은 불투명하고 미래의 것이기에 전혀 유념의 대상이 아니기 때문일 것이다.

　지난해 전원생활에 대한 그리움으로 산 밑 숲정이에 집을 지었다. 내 능력에 벅찬 집을 지었더니 무리가 따르나, 그래도 자연과 더불어 산다는 데에 그만한 대가는 치러야 한다며 견디고 있다. 아파트에서 살다가 주택으로 오니 일이 많다. 관리해야 할 정원의 손질이 끝이 없다. 그래도 늘 즐거움 속에서 산다. 지금의 생활은 어린 날의 추억 속에서 단맛만을 찾아 나에게 제공해 준다. 어느 하나 어린 날의 기억을 떠올리지 않는 것이 없다.

　고향의 진달래와 할미꽃을 내 정원에 옮겨다 심고, 그것을 바라보며 고향동산에서 뛰어놀던 시절을 추억한다. 꽃을 바라볼 때는 순이를 추억하고, 꽃씨를 받으면서는 할머니를 떠올린다. 텃밭에 채소를 가꾸며 부모님의 정성을 음미하고, 수확된 것을 봉지에 담으며 시골 인심을 그리워한다.

　눈을 뜨면 새들이 찾아와 아침 노래를 들려준다. 하도 그 소리가 고와서 창가로 나서면 예쁜 몸짓으로 인사한다. 하는 짓이 귀여워 덤으로 좁쌀 한 줌을 바위 위에 올려놓으려니 날아가 버린다. 아직 새들은 나의 생각을 알 리 없으니 그럴 수밖에.

그래도 연일 반복해서 정원석 위에 먹이를 놓아주었다. 아침에 올려놓은 좁쌀이 퇴근하여 살펴보면 없어지기 시작했다. 이제는 정원석 위에 먹이를 갖다놓으면 바로 새들이 날아온다. 그만큼 친근해졌다. 뿐만 아니라 내가 있는 것을 알면 시간을 가리지 않고 찾아온다. 대화를 하잖다. 전에는 혼자 찾아오더니만, 이제는 여럿이 같이 온다. 잔디밭에서 놀며 노랫소리를 들려준다.

이처럼 내가 내어놓은 작은 덤이 커다란 기쁨으로 되돌아오기도 한다. 덤은 반드시 받는 것만이 가치 있는 일은 아니다. 베푸는 마음의 즐거움까지 생각한다면 역시 덤도 내어 놓는 쪽이 훨씬 보람 있는 일이다. 뒷날의 행동에 영향을 주어 되돌아오기에.

이 봄엔 진객도 나타난다. 아침이면 마당가에 장끼가 찾아와서 제 목소리를 가다듬다가 돌아간다. 그 녀석은 나의 하루를 상큼하게 시작하게 한다. 집밖 들판에서는 고라니가 뛰어놀며, 울안에 갇힌 강아지를 조롱한다.

요즈음 나는 새들의 흥겨운 노랫소리를 들으며 살고 있다. 처음에 내가 베푼 덤이 이렇게 되돌아와 나를 즐겁게 해 주려니 미처 예상치 못했다. 오늘도 나는 꿩의 노랫소리로 아침을 연다. 되돌아온 작은 덤이 가슴에 촉촉이 고이는 것을 느끼면서.

〈한국문인 2008년 6/7월호〉

마음 여행

　　버스여행이다. 여행이랄 것도 없다. 매일 반복되는 일상이다. 아침에 일어나 기지개를 켜고, 양치를 물듯 시작하고, 저녁에 퇴근하여 컴퓨터와 씨름하다가 잠자리에 드는 일상처럼 진행되는 것들이다.

　나는 의자에 앉아 갖가지 상념에 젖는다. 오늘의 일정을 생각해 본다. 가능한 계획대로 움직이자고 다짐해 본다. 곁눈 팔지 말고, 꼭 해야 할 일만 처리하고 바로 돌아오자고 다짐한다. 그 동안 자신이 걸어온 삶을 되돌아본다. 너무 곁가지가 많았던 것 같다.

　신문을 편다. 온통 김치 파동 기사로 도배가 되어 있다. 중국산 김치에서 납이 발견되고, 기생충 알이 나왔다고 야단이다. 문득 방치해 둔 밭이 생각난다. 금년 한해 바빠서 짓지 않던 농사를 내년에는 해 볼까. 가족의 건강을 위해서. 그래서 갖가지 채소로 식단을 바꾸는 것도 괜찮으리. 삼월부터 준비를 하면 되겠지. 재작년처럼 스무 종의 채소는 심어야겠지. 어느새 내 맘은 빈 밭을 일구고 있다.

스피커에서 차중광의 '낙엽 따라 가버린 사랑'이 흘러나온다. 운전기사가 참 맘에 든다. 이렇게 분위기 있는 기사라면 여행길을 연장해서 가도 좋으리. 같이 따라 흥얼거린다. '찬바람이 싸늘하게 얼굴을 적시면 따스하던 너의 손길이…….' 깊은 우수에 잠긴다. 지나간 추억이 나를 끌고 과거 여행으로 바꾸어 놓는다. 가을이었어. 내 가슴으로 차가운 서리는 내리고, 유난히도 아픔을 느끼던 저녁. 군부대 철조망 가를 서성이며 절망에 빠져 있는 내게 다가선 그녀.

노래가 끝이 났다. 뉴스가 이어진다. 여당이 재선에서 전패하고 지도부가 총사퇴했다. 이번에 국회에 들어간 제자가 생각난다. 왜 저 소굴에 들어갔는지 걱정이다. 차라리 전에처럼 글이나 쓰고 있을 일이지 싶다. 이 땅에 정치가가 없다면 오히려 살기가 좋을 것 같다는 생각이 지워지질 않는다. 그들이 더 어렵게 하는 것 같다. 제자에게 전화를 한다. 비서라는 사람이 이따 연결시켜 주겠단다. 허참. 제 전화도 제가 못 받네.

스쳐지나가는 차창의 모습을 바라본다. 산꼭대기에 엎어진 물감 통의 물이 흘러내리고 있다. 이곳의 단풍은 수채화를 다 그린 후의 물감 통이라도 엎어진 것처럼 그 색이 지저분하다. 지리산의 단풍은 퍽 좋겠지. 지난해 갔을 때에 나를 유혹하던 그 모습이 기억 속에서 살아난다. 바라만 보아도 내 가슴으로 흥건히 밀려들어와 고이던 단풍의 물결. 문득 그 속에 빠져 들고 싶은 충동이 인다. 일을 마치고 지리산으로 들어갈까. 내 곁을 지켜줄 사람과 동행한다면 얼마나 멋진 여행이 될까. 호주머니 속의 휴대폰이 운다.

"당신, 오늘 집에 도착할 거죠?"

아내다. 이리저리 돌아다니던 마음을 추슬러 호주머니에 넣는다. 언제나 계획대로 살자고 다짐해도 외출을 꿈꾸는 마음을 움켜쥐기가 쉽지 않다. 아무리 움켜쥐고 있어도 나도 모르게 놓치고 마는 것이 마음인가 보다. 느닷없이 버스가 클랙슨을 울린다. 피식 웃음이 나온다.

"그래, 그렇게 또 사는 거야."

〈경남수필 32. 2005년 12월〉

그리움

　　　　매년 이맘때면 눈밭을 헤매며 열병을 앓는다. 서재에 앉아 책을 펴도 마음은 어느새 내 곁에 없다. 유년의 뜰에 나가 있는 소년은 나이답지 않게 애어른이 되어 있다. 마냥 좋다며 눈 속을 뛰는 철없는 아이가 아니다. 가족들을 생각하고, 그들의 환한 얼굴을 그리며 산에 오른다. 엊그제 설치한 토끼 올가미를 하나하나 점검해 간다. 이것은 소년이 등교하기 전에 반드시 행해야 할 일이다. 그래서 눈 덮인 산, 그 산을 먼동이 트기도 전에 오른다. 더러는 그의 손에 잡힌 토끼가 쥐어 있기도 했다.
　　소년은 산등허리를 타고서 솟아오르는 아침 해를 맞는다. 건강하다. 눈이 덮인 하얀 산처럼 그의 가슴에는 깨끗함만이 존재한다. 순수함만이 가득하여 무한의 세계가 가능하다. 그렇게 꿈을 키우며 살았다. 그 눈밭은 소년에게 꿈의 텃밭이었다. 앞이 훤히 트인 정상에서 내려다보이는 세상을 가슴으로 안아 들였다. 저 밑의 들판이 한눈에 들어온다. 저 들판을 겨울바람처럼 쏘다닌다. 언덕도 넘고, 들판도 가로질러 저만큼 달려도 본다. 눈이 신발 속으로 비집고 들어와도 개의치 않고 뛰어다닌다. 어쩌다가 넘어져도 툭툭 털고 일어선다.

대보름날이다. 아침부터 마음이 설렌다. 손에 든 연이 심상치 않다. 엊그제부터 이틀에 걸쳐 만든 연이다. 그 동안 띄우던 연과는 다르다. 훨씬 크고 화려하다. 전에처럼 바탕이 흰 종이가 아니다. 그림도 그렸고, 떨치고 싶은 액운과 소망도 기록했다. 물론 자신의 이름도 큼지막하게 썼다. 적힌 내용이 애늙은이 사고로 가족에 닿아 있다.

마지막 점검을 한다. 대오리는 잘 붙었는가. 연의 균형은 맞는가. 모두 확인 후엔 마지막으로 연줄에 솜을 단다. 솜에 살짝 석유를 묻힌다. 연을 들고 밖으로 나가는 폼이 의기양양하다. 가족의 모든 안위를 책임진 가장처럼 어깨에 힘이 들어 있다.

연을 날린다. 매달린 솜덩이에 불을 붙이고 연줄을 풀어준다. 언덕 위에는 겨울바람이 세다. 연은 하늘로 오른다. 높이 오른다. 연줄에서 팽팽한 긴장감이 전해 온다. 그 줄을 쥐고 소년은 자신의 호흡을 조절한다. 언제 날아갈지 모르는 긴장감. 저 하늘 높이에서 연기가 피어오른다. 연은 더 높이 오른다. 소년의 마음이 초조해진다. 바로 잃을 떠남을 아는 탓일까. 숨조차 제대로 못 쉬고 긴장한다. 자신의 주위에 있는 모든 액운을 함께 보내야 한다. 연에 차마 적지 못한 사연들을 하나하나 떠올린다. 툭! 소리가 감각이 되어 소년의 뇌리를 스친다. 모든 액운이 날아간다. 몸이 한결 가볍다. 다시 소년은 들판을 가로질러 연을 따라 달려간다.

산에서 토끼몰이를 하다가 누군가가 띄워 보낸 연을 줍는다. 매가 잡아 숨겨둔 꿩을 주운 기분과 너무도 흡사하다. 거기에 쓰인 사연을 본다. 자신의 것인 양 그렇게 다 이루어지기를 소망해 본다. 이 연을 보낸 사람은 어디에 살까? 몇 살이나 될까? 궁금한 것이 한두 가지가 아니다. 몇 밤을 설치며 그리움으로 키운다. 그 연의 사연은 아무에게도 말하지 않는다. 내가 혼자 사랑하는 사람의 것인 양 가슴에 담아 늘 그리워하며 산다. 주운 연의 사연은 소년의 가슴에서 그리움으로, 사랑으로 부피를 더해 간다. 문득 자신이 떠나보낸 연이 그립다. 내 연은 누가 주웠을까? 많이 궁금하다.

유년의 뜰을 뛰어다니는 아이의 옷소매를 잡아당겨 책상 앞에 앉힌다. 소년은 어느새 어른인 내가 된다. 내 아이들에게는 왜 이런 꿈의 동산을 제공하지 못 했는가. 자책이 인다. 내 아이들에게 미안하다. 내 아이들은 주운 연에 대한 그리움을 어디에서 찾을까.

〈수필과 비평 99. 2009년 1/2월호〉

냉장고

오랜만에 여유를 맛본다. 이른 새벽부터 컴퓨터에 앉아 하루의 일과를 시작해야 하는 일상에서 벗어날 수 있는 기회를 얻었다. 늦잠을 자도 되고, 아침식사 후 컴퓨터에 앉아도 괜찮다. 출근할 필요가 없으니 유별나게 몸을 관리할 일이 없고, 심지어는 머리가 길어지면 말총처럼 묶으면 될 일이다.

미적거리고 지내다 보니, 원고마감 날짜가 지났다. 되지도 않는 원고로 편집자를 힘들게 한 것 같아 서두른다. 일의 능률을 위해 아내에게 외출을 권한다. 끼니 걱정은 없다. 출출하면 냉장고를 열면 될 것이다. 그곳에는 내게 끼니가 될 먹을거리가 충분히 들어 있다. 참 편리한 세상이다. 얼마든지 편안한 자유를 누릴 수 있다. 이런 생활을 만끽한다.

밀린 원고를 마무리하고 지친 몸을 달래려 사우나에 들렀다.

한참동안 몸에 자유를 주고 나니 체중계에 눈이 간다. 체중을 달아 본다. 두 주일 사이에 자그마치 이 킬로그램이 늘었다. 정신이 번쩍 든다. 온탕에 들어앉아 생각에 잠긴다.

냉장고 탓이다. 냉장고는 분명 음식을 부패하지 않도록 하는 가전제품이다. 하지만 그것에 너무 의존하면 우리는 비만에 떨어지고 만다. 어찌 보면 비만의 주범은 냉장고다. 저장의 방법이 없었다면 우리에게 그렇게 먹을거리가 많을 리 없다. 음식을 장만할 때에 '넉넉히'란 말은 남는 음식을 관리할 수 있을 때에 가능하다. 관리대책도 없는데 넉넉히 마련한다면 그 주부는 소박맞기 십상이다.

믿는 구석은 오히려 약보다 독이 될 수도 있다. 음식은 우리에게 꼭 필요한 것이지만, 넘치면 비만을 안겨 준다. 그 넘침을 도와주는 것이 바로 냉장고다.

부모가 가지고 있는 능력이 자식들에게 해가 되는 경우를 자주 본다. 부모에게 냉장되어 있는 능력만을 믿고 나태하게 사는 자식이 있다면 분명 부모의 능력은 독이다. 하시를 불문하고 출출할 때 꺼낼 수 있는 음식처럼 자식에게 냉장고가 되어주는 부모는 어리석은 존재이다. 내줄 수 있음에 기뻐하기보다 절제하도록 훈련시키는 부모의 슬기가 절실한 요즈음이다.

마음의 여유에 빗장을 걸어야겠다. 냉장고도 저만치 밀쳐둬야겠다. 그리고 냉장고 안을 비우고 아이들에게 빈속을 보여줘야겠다.

〈수필과 비평 106. 2010년 3/4월호〉

산의 말씀

기상과 동시에 창문을 여니, 산이 나를 맞는다. 간밤에 제 홀로 있겠다며 이중창에 커튼까지 내리고 숨었더라도 그는 반가이 나를 맞는다. 더러는 토라지기도 하련만 전혀 그러는 법이 없다. 한결같은 모습으로 나를 맞는 산. 나뿐이 아니라 누구에겐들 저 얼굴을 붉히는 일이 있으랴.

마음에 들지 않는다 하여 멸시하거나 업신여김도 없다. 언제나 자신의 헝클어진 모습을 내비치지 않고 체통을 지킨다. 자신에게 주어진 만큼의 분수를 알고, 만족할 줄도 안다. 어느 누가 찾아와 심술을 피워도 웃어넘긴다. 태풍이 강한 힘으로 완력을 부려도 받아준다. 그 끓어오르는 마음을 헤아리며 실컷 기분 풀도록 온몸을 내어준다. 그에게 상처를 당해도 싫은 내색 한번 없이 그저 참아낼 뿐이다. 그리고 빨리 제 모습을 수습하여 회복한다.

　산은 다른 이의 마음을 잘 헤아린다. 그 많은 사람들이 각기 다른 욕심을 가지고 다가서도 일일이 맞춰준다. 마음이 상쾌한 사람에게는 상쾌한 대로, 울적한 사람에게는 울적한 대로 그 정도에 맞게 처신한다. 봄을 타는 사람이든 여름을 타는 사람이든, 나처럼 가을을 타는 사람이든 그들에게 최선으로 자신을 내어놓는다.

　나는 가을 산이 참 좋다. 현란한 색으로 치장하고 나를 부르기 때문이다. 감히 흉내도 낼 수 없는 산의 빛깔은 오묘하다. 한 세월 충실히 살았기에 저런 색을 연출할 수 있는 것은 아닐까. 아침 태양에 쫓기며 밑으로만 타 내려오는 단풍. 오늘은 세상일 다 내려놓고 그를 찾아 나선다.

　가까이 가서 바라본 산은 그렇게 오묘하지 않았다. 먼데서 바라본 산은 현란하기까지 하였지만 그게 아니었다. 파랑색, 노랑색, 빨강색, 갈색 등이 옹기종기 둘러앉아 있었다. 그 많은 색들은 제 자신의 특이한 개성을 누그러뜨리고 옆의 친구에게 배려하는 모습이 역력했다. 자기만의 고집을 내세우지 않고 상대를 먼저 생각하는 화합을 선택하고 있었던 것이다. 그러기에 기막힌 단풍의 색깔 연출이 가능했다.

　부러져 뒹구는 나뭇가지와 온전히 살지 못하고 떨어진 이파리들이 그 동안의 삶을 여기저기에서 말해 준다. 산은 온전하게 제 몸을 간수하고 있는 것도 아니면서 겉으로 단풍을 쏟아낼 때는 한 마음이 되어 현란한 모습을 보여준다. 그러기에 우리는 그 빛에 감탄하게 되는 것이다.

  이 가을, 제 욕심으로 아근바근 다툼에서 벗어나지 못하는 인간임을 부끄러워한다. 언제나 산을 바라보며 살면서도 그들을 닮아가지 못한 세월을 후회한다. 오늘도 산은 나에게 커다란 스승으로 다가와 가슴에 닿는다.

〈경남수필 34. 2007년 12월〉

달아, 달아, 밝은 달아

추석도 지났다. 이번 추석에는 일부러 달을 챙겨 보았으나, 예전의 것은 아니었다. 맑은 얼굴을 하고 있어야 할 달이 왠지 모르게 피곤해 보였다. 지난밤을 새우며 야근을 했거나 술에 전 듯이 느껴졌다. 계수나무는커녕 토끼의 흔적도 나타나지 않았다. 달빛 아래 둘러앉아 옛날 얘기를 듣던 시절이 그립다.

그 동안 나는 달을 볼 수가 없었다. 누가 방해한 것도 아닌데 보지 못하였다. 늘 휘황찬란한 네온 속에서 살았기에 달의 존재를 의식하지 못했는지도 모른다. 아니 신비스러운 달밤조차 모르고 살았다. 밤에도 어둠을 몰아내고 밝게 있었기에 그 달밤의 정취를 아예 잊고 살아온 것이다. 어쩌다 생각이 미치어 바라본 하늘에는 달의 모습이 보이지 않았다. 빌딩 숲에 가리고, 더러는 네온 빛이 무서워 숨어버리고 없었다.

　태양빛은 강렬하여 바라볼 수 없지만, 달빛은 아무리 바라보아도 화내는 법이 없다. 그래서 많은 사람들이 달을 바라보며 자신의 소망을 빌었는지도 모를 일이다. 조금은 개인적 비밀도 눈감아주기에 많은 연인들이 달밤을 선호한 것이 아닐까. 환한 햇빛으로 사연이 깊어진 연인들의 이야기는 거의 없으나, 달빛이 두 사람의 감정을 조화롭게 해 주어 좋았다는 이야기는 많은 것으로 봐서도 사람들에게 달은 너그러운 존재이다.

　오랜만에 겨울 휴가를 이용해 고향에 내려갔다. 어린 날 모여 놀던 동네 사랑방이 그리워 마을회관을 찾아 나섰다. 희미한 달빛을 헤치고 뻗어 있는 시골길은 옛날이나 똑같다. 다만 달걀귀신이 나올지 모른다는 염려는 들지 않았다. 가는 길 여기저기에는 내 어린 날의 추억이 서려 있다. 수숫대 흔들리던 콩밭에는 여전히 수숫대가 바람을 맞고 있다. 멀리서 개 짖는 소리도 예전처럼 들린다.

　회관에는 의외로 친구가 살고 있었다. 전깃불 아래 마주 앉아 이 얘기 저 얘기 나누면서 막걸리를 한 순배씩 하고 나니 옛날이 더욱 그립다. 문틈으로 찬바람이 들어오자 친구는 질화로를 내게 밀어준다. 그것을 끌어안고 옛날을 추억한다. 이 화로 가에서 얼마나 많은 정분을 쌓았던가, 우리는.

　질화로는 깨어져 철사로 묶여있고, 종이가 켜켜이 붙어 있다. 한 해 동안 사용하다가 재 때가 묻으면 한 겹씩 덧붙인 흔적이 보인다. 또 때가 많이 타는 손잡이 옆에는 덕지덕지 종이들이 붙어 있다. 환한 불빛을 받아 속에 붙인 종이의 글씨가 희미하게 드러난다. 어렴풋이 드러난 글씨를 맞추어가다 나는 피식 웃고야 만다.

— 저 달이 밝네요. 저 달은 당신이 주무시는 방에도 비추고 있겠지요?

필경 이 집 마님이 연애시절 친구에게 보낸 것이리라. 설마하니 알고야 붙였겠냐만, 그들의 연애시절이 한눈에 들어온다. 나의 연애시절이 그립다. 정겹던 추억의 날은 다시는 돌아오지 않겠지. 나이를 들어서라기보다 모두가 밝음뿐이고, 그 밝음으로 인해 인심이 더 야박스러워져서 정으로 뭉쳐진 세상은 없겠기에 하는 말이다.

요즈음은 달도 보지 못하고 살고 있는 내가 아닌가. 달이 뜨는지, 어떤 모양의 달이 하늘에 있는지조차 모르고 산다. 모든 것을 밝음에게 앗겨버렸기 때문이겠지. 희미한 달빛이 비추는 묘 동산에서 끌어안던 처녀 총각의 모습은 거리로 내쫓겼고, 달밤에 뒤척이며 떠올리던 순이의 생각도 이젠 멀어져갔다.

오늘은 먼지를 뒤집어쓰고 있는 십전소설을 책장 속에서 하나 꺼내어 밤을 밝히며 보리라. 마침 보름밤이니 그 흥취가 살아났으면 좋겠다. 보름달이 비추는 내 사창紗窓 가에서 순이의 '달아 달아 밝은 달아'하는 낭랑한 목소리가 들려왔으면 좋겠다. 하지만 네온의 불빛이 방해를 하지 않으려는지 적이 염려되는 밤이다.

〈수필과 비평 86. 2006년 11/12월호〉

질주

가을이 익어가고 있다. 견디기 어려운 마음을 달래려 들판으로 나선다. 온통 황금물결이 넘실대는 들판이다. 모두가 결실의 만족으로 여유롭다. 시원한 바람이 잠시 제 모습을 보여주고 저만치 질주해간다. 나락들이 자신의 윤기를 뽐낸다.

가을을 맞는 마음이 편하지 못하다. 다들 열매 맺음에 흡족해 있는데, 나만이 이렇게 허전한 마음이 되어 들판에 외로이 서 있다. 이 들판에서는 나는 혼자다. 저 멀리 아희들이 무리지어 달려간다. 나도 저렇게 자신 있게 달린 적이 있었지.

이제는 아희들의 달려가는 모습을 바라보는 것만으로도 숨이 차다. 예전에 나도 이 들판에서 힘깨나 쓰며 지게를 지고 다녔는데, 요즈음 젊은이들은 기계를 활용한다. 어쩌면 힘은 더 쓰고 고생은 더 했으면서도 소득이 없었던 바보의 삶을 산 것 같아

부아가 치민다.

　아침 일찍 도시락 챙겨들고 나와 출근부에 도장 찍던 지난 시절은 지금 세상 어디에도 없다. 들판을 가로질러 달려가는 젊은 이들의 도도한 행렬에 밀려나와 있으니 가을바람이 차가울 수밖에 없다. 얼마 가지 않아 더 무서운 겨울 찬바람을 만나게 되겠지. 밀려올 겨울 찬바람에 어깨가 더욱 움츠러든다. 저 들판의 흐름에서 열외가 되어 홀로 서 있는 자신이 처량하다.

　제 머리통보다도 더 큰 호박을 이고 가는 아이의 모습은 그래도 정겹다. 땀을 흘리며 가는 아이를 따라가 본다. 마을 안길을 돌아 돌담길 끄트머리로 들어선다. 허름한 초가다. 들풀 숲을 헤치고 난 길처럼 잡초가 우거진 남새밭을 끼고 마당이 보인다. 그 안에 무수한 세월을 살아낸 초가가 움츠리고 서 있다. 이엉을 붙인 지가 언제인지조차 알 수 없는 초가지붕엔 둥근 박이 외롭게 졸고, 여기저기에선 썩은새가 처마 끝으로 흘러내리고 있다. 그래도 견딜 수 있는 것은 이따금씩 이엉을 조여 준 새끼줄 때문이리라. 그마저 끊어지고 망가졌다면 비바람에 다 날아갔겠지.

　토담 돌은 그래도 초가의 자존심이다. 흔들림이 없이 제 자리를 지키고 있다. 이것마저 없었다면 벌써 무너져 내렸을 초가. 비록 을씨년스런 모습을 하고 있어도 긴 세월의 아픔을 참아내고 있다.

　울안에서 쫓겨나 남새밭 귀퉁이에 쪼그리고 앉아 있는 측간의 모습은 나를 더욱 우울하게 한다. 막돌을 주워서 입구를 쌓

긴 했어도 대접은 여전히 변소 취급이다. 허름하여 바라보기가 안쓰럽다. 올린 이엉은 옆으로 기울고, 바람이 새어들 만한 곳은 화학비료 부대로 덮어 놓았다. 가마니로 가렸던 출입구도 이제는 양철 조각으로 대체되었다. 점차 모든 것이 이런 것들로 바뀌어가고 있다. 머지않아 움막변소도 무너져 내리고 신식 화장실에 밀려나겠지 싶다.

　을씨년스런 마당가에서 허망에 떨고 서 있다. 이곳에도 내가 머물러 있을 여유는 별로 남아 있지 않다. 지난 숲의 흔적들이 질주해가는 것들에 의해 빠르게 죽어가고 있다. 그 끝을 움켜잡고 몸부림치는 내가 처량할 뿐이다. 내년 가을에는 내가 서 있을 여유의 땅조차도 없을 것 같다. 질주해 가는 세월 속에서 나는 얼마나 오래 버틸 수 있을까, 자못 두렵기만 하다.

〈경남수필 33. 2006년 12월〉

제4부

석축을 쌓으며

석축을 쌓으며
미생지신尾生之信
책궤를 정리하면서
엘리베이터세다들의 막장문화
바로 세우기
글공부의 진정한 교과서
예 예, 방백이었습니다요
도도盜道와 기도欺道
차분한 절규
개미의 힘
일십백천만一十百千萬
백자의 얼굴

석축을 쌓으며

　　　석축을 쌓는다. 경사진 다랑이를 통합하여 평탄작업을 하기 위함이다. 그래야 건축이 가능하다. 내 눈으로 가늠해 보아도 밑의 석축 높이가 족히 사 미터는 되어야 할 성싶다. 높이도 높이려니와 축대의 길이도 제법 되니 간단한 공사는 아니다. 석공에게 물으니 돌이 서른 대는 족히 필요하다 한다. 말이 그렇지 석축을 쌓기 위한 돌이 큰 트럭으로 서른 대라면 제법 큰 공사다.

　　그래도 건물을 올리기 위해서는 이 일을 해야 한다. 이것을 하지 않고 그냥 평탄작업만 하고 말면 건물이 주위의 구릉에 묻혀버려 웅덩이 속의 집처럼 보일 것이다. 평생 살 집을 짓는 데에 이만한 수고야 당연한 것이리라. 건물이 완성된 후의 모습이 눈앞에 그려진다. 집안 창가에서 내다보이는 전경도 상상해 본다. 나도 모르게 미소가 흐른다. 내 스스로 구상하고 고민하여 짓는 집이니 벌써부터 가슴이 설레는 것이다.

이 집을 지은 후엔, 가끔 문우들을 불러들여 곡차라도 한잔 하리라. 그러면 그들은 내 집의 안온함 속에서 취흥을 즐기기도 할 것이다. 내 나름대로 공들여 만든 공간에 대해서 느낌도 말할 것이다. 부러워도 하고, 마음에 들지 않는 구석이 있으면 목젖을 누르며 참다가도 한 마디씩 할 것이다. 더러는 인테리어를, 더러는 조경을 조언하겠지.

축대를 쌓을 돌이 운반되어 오면서 자꾸만 부담이 커지기 시작한다. 이게 생각보다는 쉬운 일이 아니란 것이 나를 놓아주지 않는다. 밭 한가운데에 내려놓은 돌이 내 가슴으로 무겁게 쌓인다. 이 일을 어떻게 다 감내하여 처리하나, 조바심이 밀려온다. 여하튼 나는 이 공사를 시작한 이상 마무리해야 한다.

인부들의 점심을 준비하기 위해 아내는 시장에 동행할 것을 요구한다. 앞으로 매일 두 번의 간식과 점심을 챙겨야 하는 것도 쉬운 일이 아니다. 이 짓을 적어도 오 개월을 해야 한다니 이도 큰일이다.

오늘따라 시장에는 물 좋은 생선이 많다. 커다란 생선 세 마리를 샀다. 이것이면 오늘 점심은 해결될 것이다. 그런데 아내의 장보기는 끝나지 않았다. 바로 집으로 가서 끓이면 그만일 텐데, 더 살 것이 있다는 것이다.

"안 먹으면 돈이야."

내 말에 입을 딱 벌린 아내는 어이없다는 표정이다. 그리고는 내 옆구리를 툭 치며 한마디 한다.
"아니, 맹물에 생선만 끓여요?"
미나리 한 단을 바구니에 넣고, 무 토막을 고르는 아내 옆에서 나는 고개를 끄덕였다. 음식에는 여러 가지 부수 재료가 들어가야 제 맛이 날 것이다. 그것을 순간 잊고 있었기에 아내에게 구박을 당했다. 음식을 만들 때마다 아내가 이것저것 맞추어 맛을 낸 수고를 나는 간과하고 있었던 것이다.
집에 돌아오니 석공들은 중장비까지 옮겨다 놓고 석축을 하겠다고 한다. 측량하여 박아 놓은 말목을 확인하여 줄을 띠우고 밑바닥부터 흙을 끌어올린다. 돌이 본바닥의 밑에서부터 박혀야 견고하기 때문이다. 큰 돌을 놓고 그 사이에 작은 돌을 끼워 넣어 돌들이 놀지 않게 한다. 중장비로 큰 돌을 돌리고, 밀고, 누르고, 때리고 하는 석공의 모습을 보면서 나는 감탄한다. 저렇게 중장비를 자유자재로 활용할 수 있다니……. 한참동안 돌을 쌓던 석공이 뭔가 아쉬운 눈치다.
"왜 그래요?"
"큰 돌 사이에 넣을 중간 돌이 너무 부족해요."
문득 세상의 이치가 다 그렇구나 생각한다. 큰 것과 작은 것이 어울려야 되는 것이다. 갖가지 물건들이 서로 조화를 이루고, 서로 화합해야 진정한 아름다움이 형성되는 이치를 비로소 깨닫는다. 음식도 요리의 본체인 생선만으로는 맛을 낼 수 없고, 부수 재료가 들어가야만 제 맛이 난다. 석축도 큰 돌에 작은 돌이 조화롭게 끼어야 견고하고 아름다운 모양을 낼 수 있는 것이다.

음식 궁합에 맞추어 맛을 내는 부수 재료와 고임에 쓰이는 작은 돌이 없다면 소기의 목적을 달성할 수가 없다. 이 이치를 왜 진즉에 터득하지 못했을까.

　오늘도 나는 수필을 쓴다. 일상 속에서 주워 낸 글감에 내 삶을 토대로 해석해 간다. 같은 글감이라도 나만이 느꼈던 것, 나만이 해석한 것을 끄집어내어 구상한다. 독자에게 보여줄 나의 모습은 결정되었는데, 왠지 어색하다. 뼈대만이 엉성하게 얼개를 이루고 있다. 누군가가 밀어버리면 견고하지 않아 금시 무너질 것 같이 위태롭다. 분명 내가 지을 집은 결정되었고 자재도 준비되었는데, 손을 댈 수가 없다. 어디서부터 시작해야 할지를 모르겠다.

　한참을 고심하던 나는 다시 글감 사냥에 나선다. 큰 글감들이 서로 어울리어 탄탄한 구조를 이루려면 작은 글감이 사이에 들어가 그것들을 묶어주는 기능을 발휘해야 한다는 것을 터득한다. 요리도 그렇고, 석축도 그렇다. 이 과정의 요긴함을 의식하지 못하고, 조급하게 건물을 올리려다 실패를 하게 되는 것이다.

　집이 다 지어진 후에 문우들이 찾아와 장명등 아래 둘러앉아 밤을 밝히며 대화할 것을 상상하니 가슴부터 부풀어 오른다. 이제는 석공의 피땀을 지켜보며, 그의 장인정신을 하나씩 익혀갈 일이다.

〈수필시대 20. 2008년 5/6월호〉

미생지신 尾生之信

요즈음 세간에 회자되는 고사는 미생지신尾生之信이다. 세종시 수정안에 동조하는 쪽에서 이 고사에 빗대어 원안을 고수하려는 쪽을 비판하자, 이에 반발하는 쪽에서 다른 해석을 내놓음으로써 세간의 많은 사람들의 입에 오르내리게 되었다. 중국 춘추전국시대 노魯나라 사람인 미생尾生의 데이트가 오늘날 한국의 정치가들에게 이토록 관심의 대상이 되리라고 누가 상상이나 했겠는가. 여하튼 미생의 데이트 사건에 대해서도 그 해석이 구구하니 입씨름이 쉽게 멈출 것 같지는 않다.

미생은 자신의 애인과 다리 밑에서 만나기로 약속한다. 그는 일찍 나와서 기다리는데 애인은 나타나지 않는다. 만나는 장소가 다리 밑이어서 그 곳을 떠나지 못하고 지키고 있는데, 갑자기 소나기가 와서 물이 불어난다. 하지만 미생은 약속을 지키기 위해 그 자리를 벗어나지 못한다. 끝내는 불어난 물에 갇히게 되어 교각을 붙잡고 버티다가 마침내는 물에 휩쓸려 떠내려가 목숨을 잃게 되었다는 고사이다.

미생의 이런 행동에 대해 내린 중국에서의 해석도 일찍이 두 개의 판이한 대립이 있었다. 당시 사회적 합의의 기준이 되었던 공자孔子는 미생지신尾生之信을 신의의 표상으로 여긴 반면에, 송나라의 장자莊子는 미생의 죽음을 '물에 떠내려가는 돼지'에 비유하면서 무의미한 원칙에 얽매여 소중한 목숨을 잃었다고 비난하였다.

당시 중국에서도 이렇게 다른 해석을 내놓은 것을 보면, 우리에게서도 얼마든지 그럴 가능성은 있을 수 있다. 이 고사에 나오는 미생의 죽음에 세종시 원안 고수의 의견을 빗대어 어리석은 행동으로 밀어붙이는 쪽이 있는가 하면, 미생은 진정성이 있었지만 그의 애인은 약속을 해 놓고 지키지 않은 신의가 없는 사람이라며 세종시에 대한 국민과의 약속을 지키지 못하고 수정하는 것은 이와 같다는 논리를 펴는 쪽도 있다.

이러한 두 주장을 깊이 헤아리다 보면 국민들은 짜증이 난다. 어느 쪽이 옳고 어느 쪽의 의견이 그름을 말하려는 것이 아니다. 정치가들의 판단이 국민들에게 미치는 영향이 심대함을 헤아려 신중한 태도가 요구된다는 말이다. 정치가들은 국가의 앞날을 내다보는 식견이 있어야 하고, 국민들에게 미래의 비전을 제시해야 한다. 세상을 크게 보고, 멀리 봐야 한다. 눈앞의 일만을 봐서는 안 된다. 일회적인 사고로 일처리를 하면 훗날 엄청난 대가를 치르게 된다. 그리고 그 판단의 기저에 나의 이득이 작용해서는 더더욱 아니 될 일이다. 반드시 국민을 우러르는 애민정신이 있어야 한다.

물론 의견을 낼 때에는 나름대로 이유가 있을 것이다. 하지만 국민과 한 약속을 지키는 것도 당연한 일이다. 그래서 정치가들의 결정은 늘 신중해야 하고, 더 좋은 길로의 변환은 반드시 법질서를 따라야 국민의 동의를 얻을 수가 있다. 정치가 국민의 신뢰를 얻지 못하면 그 나라의 앞날이 어둡게 되는 것은 자명한 이치이다.

누구나 그렇겠지만 특히 정치가들은 다른 이의 의견을 진지하게 들어주고 고민해 보는 자세가 필요하다. 우리 정치가들은 상대 의견을 헤아려보기 이전에 자신의 것만을 고집하기 일쑤다. 그래서 매사에 지나치게 견강부회牽强附會하는 볼썽사나운 꼴을 하고 있다. 어떠한 일이든 근저에 담긴 뿌리가 뭔가를 헤아려 국민의 처지에서 판단하기를 소망하는데, 대개의 경우 괴변을 늘어놓으며 국민을 현혹하여 자신들의 주장을 옹호하기에 바쁘다. 상대의 의견에 대한 진정한 토론을 꾀하는 것이 아니라 오히려 거기에서 한발 더 나아가 상대에 대해 인신공격을 하는 쪽을 택하고 있다.

자신들의 주장과 다르면 원수로 몰아가는 외곬 정치는 이제 그만 사라져야 할 때다. 서로 토론하여 국민적 힘을 한데 모으는 지혜와 슬기를 요구한다. 정치에 대한 국민들의 의식은 성숙되었건만, 아직도 한국의 정치가들은 뒤로 가는 정치만을 일삼고 있다.

　걱정스러운 일은 이들의 책임감 없는 어법이 국민들에게 파급되고 있다는 사실이다. 약속 어기는 것을 예사로 알고 있다. 더욱이 한심스러운 것은 중앙에서 보여주는 정치 형태를 잘 하는 것으로 인식하여 지방정치에서도 흉내 내고 있다는 점이다. 국회에서 멱살을 잡고 싸우고, 의장석을 점거하는 일이 반복되니 지방의회에서도 그 자랑스러운(?) 모습이 나타나기 시작했다. 우리 선량들은 국민의 모범이 될 생각을 버린 지 오랜가 보다.

　어떠한 고사이든 자신의 처지를 견강부회하는 쪽으로 활용하지 말고, 자신의 모습을 바라보는 반성의 기회로 옳게 사용했으면 좋겠다. 세종시 수정안을 내는 쪽에서는 미생지신의 의미를 공자의 시각으로 바라보고, 원안을 고집하는 쪽에서는 이 고사를 장자의 시각으로 바라본다면 서로의 합일점이 도출되지 않을까.

〈새거제신문 2010년 2월 5일〉

책궤를 정리하면서

뒤늦게 책궤를 정리한다. 대부분의 물건들은 이사 오며 제자리를 찾아주었는데, 궤 속의 책들은 미루어오다 겨우 시간을 내었다. 반닫이의 문을 아래로 젖히자 좀약 냄새와 함께 고리타분한 고서의 냄새가 왈칵 달려든다. 자주 보는 책도 아니어서 차일피일 미뤄오던 정리를 이제야 한다. 한지로 감싸 두었던 책들이 미라처럼 처음 개봉되는 기분이다. 책마다 여기 저기 헤진 모서리가 오히려 소중해 보인다.

정리하다보니, 그것들이 내 품에 들게 된 내력도 다양하다. 대학 다닐 때에 나는 거의 독학을 하다시피 했다. 생각이 달라 혼자 자립을 시도했던 나는 살기에 그리 넉넉한 편이 아니었다. 늘 봉지 쌀을 사다 먹었고, 연탄도 낱장으로 사들고 다녔다. 방에 들어와 살펴본 쌀 봉지가 비어 있어 되짚어가기가 일쑤였다.

그 때마다 헌책방을 먼저 돌아보는 것이 버릇이었다. 일여덟 점포를 둘러보다보면 맘에 드는 고서가 나타난다. 값이 너무 나가는 것은 엄두도 못 내고, 호주머니 사정에 맞추어 한 권을 집어 들고 점포를 나오곤 했다.

흐뭇한 기분이 되어 집으로 돌아오다가 문득 그것이 쌀 살 돈이었음을 뒤늦게 깨달았다. 낭패하여 몇 끼씩을 굶은 기억이 새롭다. 그러나 이런 미련한 고서 구매욕은 그 뒤로도 종종 이어졌다. 반닫이에 있는 고서들이 대부분 아린 기억을 떠올리게 하지만, 지금 들춰보면 쓸 만한 것이 별로 없다. 왜 그 때는 고서가 그리도 갖고 싶었는지 모르겠다.

구운몽九雲夢이 내 손에 들어온 사연은 아주 특이하다. 나는 결혼하여 첫 아이가 세상에 나올 때까지 젊은이들을 이끌고 농촌 봉사활동에 깊이 빠져 있었다. 그것도 특이했다. 봉사 대상지 선정부터 신경을 썼다. 도로에서 멀리 떨어져 한 시간 이상 걸어야 하는 오지를 택했다. 도와주고 개발시켜야 할 곳은 도로가의 농촌마을이 아니라, 바로 이와 같은 오지마을일 것이라는 판단에서였다. 대여섯 대상지를 현지답사하고 고른 곳은 산길을 가다가 신을 벗고 강물도 건너야 하는 곳이었다. 그곳은 전기와 전화마저 없어서 내 맘에 들었다. 이곳을 다섯 해나 드나들었다.

간이상수도를 놓고, 담장 개량을 하면서 밤에는 학술답사를 병행했다. 이 때에 얻은 자료는 참으로 긴요한 것이 많다. 그러나 구운몽은 학술답사를 하면서 발견한 것은 아니다. 간이상수도를 놓기 위해 한집의 마당을 파다가 잠시 쉬게 되었다. 조그마한 들마루에 누워 있다가 벽에 붙은 선반위에 헌책 같은 종이 뭉치가 있음을 발견했다. 정신이 번쩍 들어 그것을 내려 살펴보았다. 고서였다. 열댓 권은 족히 되었는데, 위에서부터 쥐가 파먹어 반쯤은 훼손되어 있었다. 다행히 구운몽은 밑에 있어서 쥐의 피해가 없었다.

주인에게 양도 받아 가지고 나오면서 얼마나 흐뭇했는지 모른다. 선반위에 그냥 두었더라면, 쥐가 파먹어 없어질 책을 구해 냈다는 생각에서였다. 물론 필사본이기에 그리 값이 나가는 것은 아니다. 하지만 나는 이 책을 아주 소중히 간직하고 있다.

학계에 알려진 구운몽의 가장 옛것은 1804년의 것으로 인쇄본이다. 내가 가지고 있는 것은 다섯 노인이 나누어 필사하여 합본한 것인데, 책의 끝에 적힌 간기로 보아 이보다 조금 앞서 있다. '聖朝四十五年己丑年元月'에 근거하여 헤아려 본다면 영조 45년 기축년 정월이 된다. 그러니까 1769년에 필사한 것이다. 책이 오래 되었다기보다 조상의 혼이 담긴 유산이기 때문에 소중하다. 그냥 두었으면 쥐 오줌에 절어 휴지로도 못 쓰고, 세월처럼 없어지거나 소각되었을 것이 뻔한 책을 지켰다는 생각이 더 컸다.

여하튼 구운몽은 나를 만나 그 가치를 유지하게 되었다. 그냥 두었으면 아무짝에도 소용없는 휴지에 불과했을 것이다. 전에 같으면 물에 담갔다가 종이그릇이라도 만들었겠지만, 지금은 그 쓰임이 더 없어서 낱장으로 떼어 도배지로 쓰는 것이 고작일 터이다.

나는 가끔 학생들에게 이 구운몽 이야기를 하면서 조상의 혼이 담긴 물건의 소중함을 일깨운다. 그리고 어느 것이든 임자를 만나야 제 가치를 가지게 된다고 말한다. 얼마나 많은 고서들이 소중한 가치를 모르는 사람들의 손에 없어졌을까. 물에 녹여 종이그릇을 만들기 위해 없애 버린 조상의 혼은 어디에 가서 찾을 수 있을까.

 이 세상의 숨탄것들 중에 제 가치를 인정받고 떠나는 것이 과연 얼마나 될까. 진정한 가치는 판단력이 있는 주인을 만나야 드러난다. 제 가치를 인정받지 못하고 사라진 고서도 많을 것이다. '춘향전'을 조선시대의 대표적인 연애소설로 꼽지만, 더 좋은 작품이 얼마든지 있었을 가능성도 있다. 많은 수의 좋은 소설들이 전란에 없어지거나, 소장자의 무식으로 생을 마친 것도 있을 수 있다. '춘향전'은 당시에는 대단치 않던 것인데, 지금은 홀로 남아 으뜸의 자리를 차지하고 있는지도 모를 일이다.

 문득 구운몽이 부럽다. 자신의 가치를 인정받았으니 이보다 기쁜 일이 더 있겠는가. 하지만 가치의 평가는 내 스스로 하는 것이 아니고 남이 하는 것이니 욕심 부릴 일도 아니다. 말없이 내 자신의 갖춤을 위해 노력할 뿐이다. 자신에 대한 평가를 유념하면 더 어려운 일과 부정한 일이 생기기 마련이다. 나도 누군가에 의해 귀중한 책으로 인정받고 싶다. 쓸모없는 휴지는 되고 싶지 않다. 그래서 구운몽이 부러운 것이다.

 책궤 속의 고서를 한 권 한 권 매만지면서 깊은 상념에 빠지게 되는 것은 분명 책에 국한한 문제가 아니기 때문이다.

〈책과 인생 177. 2008년 9월호〉

엘리베이터세대들의 막장문화

요즈음 젊은이들의 삶을 가장 적절하게 표현한 말은 '막장문화'일 것이다. 아니 젊은이들이라고 한정할 일도 아니다. 사회의 대부분이 젊은이들의 문화에 흡수되어 도도히 흘러가고 있는 실정이니까. 이 물결을 바라보면서 어느 누구 하나 걱정하지 않고, 같이 휩쓸리어 즐기기만 하고 있다. 즐김이란 어느 정도의 만족과 쾌락이 따르니 감지하기 어려운 속성을 가졌다. 하지만 한번쯤은 이대로 흘러가도 되는 것인가 살펴볼 필요가 있다.

이러한 문화의 도래에는 방송이 지대한 영향을 미쳤다고 볼 수 있다. 현대인들의 삶에 가장 영향을 미치는 방송. 그 중에서도 드라마, 대중음악 등은 마취제에 가까운 위력을 가지고 시청자들에게 영향을 준다. 가뜩이나 참고 인내하는 삶을 익히지 못한 세대들에게 이러한 방송은 그들의 기호에 기름과 같은 역할을 한다.

　어려서부터 높은 곳에 오르려면 계단을 하나씩 올라가야 한다는 지극히 작은 진실 하나도 모르고 자란 세대. 오로지 엘리베이터의 단추 하나만 누르면 이십오 층에 오를 수 있다고 믿는 그들에게 과정이란 아무런 의미가 없다. 결과만이 있는 것이다. 그리하여 그들은 밥을 지을 때에 뜸 들이는 인내의 시간을 참지 못한다. 조급증으로 뚜껑을 자주 여닫아 결국에는 삼층밥을 만들고 만다. 이 뜸 들이는 시간을 참지 못해 그들은 라면으로 바꾸고, 그것도 모자라서 컵라면이면 되는 것이다.

　이런 세대들이 만들어낸 음악이 바로 '30초 음악'이다. '싸비'나 '훅'이라고 불리는 이들 음악은 중독성 짙은 후렴구를 가진 단순한 댄스곡이다. 이같이 짧으면서 반복을 요구하는 곡은 전파능력이 대단하다. 그 뿌리를 찾아보면 신라시대 '서동요薯童謠'가 그렇고, 고려 말의 '목자가木子歌'가 그렇다. 짧은 곡으로 반복해서 부르도록 하여 전파능력을 키웠던 것이다.

　단순화된 곡의 반복은 몇 해 전, '텔미'에서 시작하여, '미쳤어', '어쩌다'로 이어지며 젊은이들의 마음을 사로잡았다. 하나의 음악으로 완성을 추구하기보다는 반복되는 후렴구로 짧은 시간에 결판을 내서 소비자들을 중독시킨다. 그러다 보니 완성된 음악이 담긴 음반 매출액은 아주 적고, 벨소리, 컬러링. 홈페이지 배경음악 다운로드 등 디지털 시장의 매출액이 황금기를 맞고 있는 실정이다.

이런 성향은 드라마에서도 막장문화로 나타난다. '갈 대로 가라'는 식으로 몰고 가는 드라마의 내용, 역시 참고 인내하며 인생을 개척해 가는 인물을 그리기보다는 극단적인 방법의 선택으로 시청자들을 현혹하고 있다. 개가 사람을 무는 사건으로는 마음이 흔들리지 않는 시청자들을 사람이 개의 목을 물고 늘어지는 사건으로 환치하여 잡아두려는 심산이리라. 세상살이가 어렵고 고달프다 보니 이런 결과가 왔는지 몰라도 한번쯤은 정확히 인식하고 지켜봐야 할 문제다.

요즈음 막장 드라마는 극단적인 고부갈등, 이혼, 파혼, 근친혼, 복수 등을 기저에 두고 사건을 전개한다. 모두가 '갈 대로 가라'는 식의 드라마다. 수단과 방법을 가리지 않고 목적을 달성하고, 그 피해자 역시 복수의 칼을 세운다. 이런 드라마에 악녀가 나오고 악마 같은 남자가 등장하는 것은 자연스러운 일이다. 재미를 돋우기 위해 좀 모자라는 인물이 등장하고, 히스테릭한 인물이 나와 황당한 동작을 해서 시청자들을 웃긴다. 출생의 비밀, 복수를 위한 성공은 약방의 감초처럼 따라다닌다.

이런 막장문화는 엘리베이터 세대들에게서 혁신적 사고 능력을 앗아갔다. 무엇인가 계획하고 완성해 보려는 진취적 삶의 태도는 없어지고, 오로지 현실을 즐기려는 단순한 오늘만이 남아있다. 말초적 자극만을 탐하여 미니스커트가 유행하고, 손쉬운 것만을 요구하여 인스턴트식품이 판을 친다. 내 집 마련을 위한 저축보다 더 급한 것은 오늘의 즐거움을 위한 투자이다. 이처럼 의식주에 있어서도 미래보다 현재를 즐기려는 막장문화가 도래

해 있다.

  한 마디로 말하면 이들은 피부병 환자 같다. 가려움을 참아야 환부가 아무는데, 그러지 못하고 긁어대니 나을 리 없다. 미래를 위해 참고 인내하지 못하고 현재의 갈증만 해결하려 한다. 미래가 없으니 혁신적 사고는 없어지고 오직 오늘의 만족만을 추구한다. 인스턴트식품을 선호하여 피부 여기저기에 부스럼이 난 환자처럼 '30초 음악', '막장문화' 같은 부스럼이 덕지덕지 붙어 있다.

  엘리베이터 단추만 누르던 세대들의 조급증을 치유하기 위해 계단을 하나씩 올라가는 방법을 가르쳐야 한다. 그래야 과정을 중시하는 삶의 태도를 익히게 될 것이다. 다리가 후들거려도 참고 인내하며 끝까지 오르는 것도 상당한 의미가 있음을 깨우쳐 줘야 한다. 그것이 뒤에 오는 세대들에 대한 앞선 세대들의 임무이다.

〈호서문학 44. 2009년 겨울호〉

바로 세우기

지금 우리가 즐겨 먹는 김치는 일찍이 우리 조상들이 개발한 먹을거리다. 그 시기가 언제인지는 확실치 않으나, 한자 문화가 도래한 이후가 아니었을까 싶다. 문헌상에서 처음 보이는 표기는 한자인 것으로 봐서 그렇게 추측해 볼 수 있다. 이 말은 한자어 '沈菜'에서 온 말이다. 그것이 조선 초기에 와서 '딤치'라 하였다가, 뒤에 구개음화로 인해 '짐치'로 변하였다. 다시 구개음화의 역유추로 '김츼 〉 김치'로 변한 것이다. 이런 변화 과정을 추측해 볼 수 있는 것은 훈몽자회에 '딤치'가 나오고, 두창경험방痘瘡經驗方에 '외짐치'가 보이며, 청구영언에서는 '김츼'로 나오는 것을 토대로 하여 짐작할 수 있다.

이토록 김치는 우리 민족이 일찍이 개발한 우리만의 음식이다. 그래서 외국인이 김치를 입에 대어보곤 고개를 설레설레 내

둘렀던 것이다. 어느 민족이든 그들의 독특한 음식문화가 있기에 타 민족의 것을 접하게 되면 이질감을 느끼게 된다. 김치가 바로 그런 것이다. 그런데 요즈음에 와서는 다른 민족도 김치를 즐기고, 나름대로 김치를 개발하여 식용하고 있는 실정이다. 뿐만 아니라 그들이 만들어 놓은 김치를 우리가 수입하여 즐기고 있으니, 세상 참 별일이다.

그 김치가 파동이 일어났다. 중국산 김치에서 납 성분이 발견되고, 기생충 알이 나왔다고 야단들이다. 우리가 개발하여 오랜 세월 먹어 오던 김치가 중국산으로 시장이 메워져 왔다는 데에 놀란다. 아내 덕에 한번도 시장 김치를 입에 대보지 않았으니, 놀랄 수밖에 없다. 세상이 참 많이도 변했다. 기생충 알에 놀란 어머니들이 자식들에 대한 지극한 사랑이 아직은 남아 있어, 이젠 병원에 가서 변 검사를 한다고 호들갑을 떤다고 하니 참 보기에도 민망스럽다. 편리도 좋지만 정과 사랑이 깃든 음식으로 우리의 배를 채우는 방법은 없을까.

한번은 주부의 글에서 도시락을 싸 주지 않고 닦아서 보낸다는 데에 놀란 적이 있었다. 우리는 언제나 어머니께서 정성들여 싸 주시는 도시락을 그리워하며 자랐다. 그런데 요즈음은 학교 급식에 의존하는 세상이 되었다. 이젠 주부들이 도시락을 싸지 않아도 되고, 오직 빈 도시락을 닦아주면 그만인 세상이 되었다. 얼마 전까지만 해도 도시락을 싸는데 반찬을 정성들여 만들지 않고 슈퍼에서 인스턴트식품을 구입하여 넣어 준다 하여, 아이들이 제 어미를 '슈퍼엄마'라 한다는 얘기는 들었어도 이렇게 변한 것은 몰랐다. 빈 도시락을 닦아 가방에 넣어 주는 엄마 얘기에 얼마나 아연해 했는지.

요즈음 살아가면서 근본부터 뒤집어진 것을 많이 발견하게 된다. 모두가 편리를 추구한 결과에서 얻어진 것이다. 그런 성향이 우리의 문화를 송두리째 흔드는 경우가 가끔 눈에 들어온다. 옛날에는 여인이 거울 앞에서 머리를 만지는 것도 단순한 미모의 손질이 아니고 수양의 차원이었다. 주부가 등잔불 아래에서 바느질을 하는 것은 검소한 삶도 있지만 가족에 대한 사랑이었다. 고부간에 마주 앉아 울두로 다림질을 해도 가족간의 신뢰와 사랑을 키우는 일이었다.

그런데 요즈음은 머리 손질은 머리방에서 해 주고, 빨래는 빨래방에서 해 주고, 도시락은 학교에서 해결해 주고, 아이들 공부는 학원 선생님이 해결해 준다. 다 그런 것은 아니지만, 여인들이 하던 대부분의 일들은 남에게 맡기고 밖으로 나온 '방'을 찾아다니며 삶을 즐기면 되는 세상이 되었다. 물론 전보다 훨씬 많은 여성들이 생산 활동에 참여하여 가정의 경제를 윤택하게 하고 있지만, 그렇지 않은 여성들까지 집안의 일을 놓아버리고 있다는 데에 문제의 심각성이 있다.

이젠 별일 없는 주부들의 손을 빌릴 필요가 있을 것 같다. 내 아이의 급식을 같이 생각해 보는 것은 어떨까. 학교 식당에서 중국산 김치를 배식한다고 목청 돋우는 힘을 모아 손수 해 주는 방법은 없을까. 그러면 어느 어머니든 학교 급식에 불안해하여 마음 졸이지 않아도 되지 않을까. 아이들도 어머니의 사랑을 만끽하며 자랄 것이니, 더욱 좋다. 오늘은 중국산 김치에 불안해하지 말고, 접하지 않으면 된다는 아주 쉬운 논리를 펴고 싶다. 그래야 부모의 사랑을 먹고 자란 아이들이 이 사회에 나아가 사랑이 충만한 사회를 만들어 줄 것이다.

아무리 편리도 좋지만, 근본정신은 흔들리지 않는 삶을 영위했으면 좋겠다. 김치는 분명 우리의 고유 음식이다. 그것이 외국인의 손으로 만들어져 우리의 식탁에 오른다는 것은 뭔가 이상하다. 변 검사를 하겠다고 호들갑을 떨기에 앞서 내 손으로 만든 내 아이의 먹을거리를 한번 생각해 보는 것은 어떨까. 비단 김치만이 아닐 것이다. 주객이 전도되어 이 사회의 흐름을 꼬이게 하는 것이 너무도 많은 것 같다. 이제는 우리의 주변을 살펴보고, 뒤바뀐 가치를 바로 세우려는 노력이 있었으면 좋겠다.

〈새거제신문 2005년 10월 29일〉

글공부의 진정한 교과서

　　　　　참말 우스운 이야기다. 아무리 생각해도 내가 글을 쓰게 된 일 자체가 불가사의한 일이다. 좋은 책을 읽고서 감명 받아 밤을 설쳐본 기억도 전혀 없으니 말이다. 남들은 젊은 날에 읽은 책을 주섬주섬 잘도 꿰더라만, 나는 한 권의 책도 기억에 떠오르는 것이 없다. 그런 내 속내를 알아차리고 잡지사에서 "나를 작가로 이끌어준 문학작품"에 대해 글을 써 달라 하여 봉변을 주려 한다.

　사실 나는 책을 읽을 기회가 없었다. 학창시절에는 문학에 대한 내 주위의 인식이 좋지 않았다. 더 정확히 말하면 우리 집안에서는 '문학을 하면 굶어죽는다' 하여 그 길은 외도로 터부시하고 있었다. 오로지 학교에서 배우는 교과서와 참고서 외에는 다른 책을 손에 쥐는 것조차 용납하지 않았다. 어쩌다 용기를 내어 소설책이라도 보다가 주위에 인기척이 느껴지면 책상 밑으로 감추기에 바빴다. 그러다가 어른들께 들키면 다음 날은 등교에 앞서 애를 태웠던 기억이 있다.

요즈음 학교에서 독서를 권하고 그것의 중요성을 강조하는 추세를 바라보면서, 나는 부럽기가 한량없다. 이토록 좋은 독서 분위기 속에서 학창시절을 보낼 수 있는 오늘의 학생들은 얼마나 행복할까. 맘껏 보고 싶은 책을 읽을 수 있으니 말이다. 지금은 많은 정보를 실어 놓은 책도 많고, 그 책을 구입하기가 얼마나 용이한가.

아무리 생각해도 문학작품 이야기는 아니 될 것 같고, 작은 에피소드나 소개하고 이 짐을 벗어야 할까 보다. 고등학교 일학년 오월이지 싶다. 그날은 왜 그리도 공부가 하기 싫었는지 모른다. 그날의 기분이 내 인생을 이렇게 바꾸어 놓았다. 요즈음도 가끔은 그 생각에 빠져 있다보면, 산다는 것이 참으로 묘한 것이구나 하는 결론에 이르고 만다. 그 한순간의 권태가 오늘의 내 모습을 결정지었으니 말이다.

공부가 하기 싫어서 짜증이 나 있는 내게 들려온 교내 방송 — 글짓기대회가 있는데 나갈 학생은 현관 앞으로 모이라는 것이었다. 순간 공부도 하기 싫은데, 나가서 놀고 올 수 있는 절호의 찬스라고 판단하였다. 현관으로 나가보니 내가 맨 먼저 나와 있었다. 십여 명의 학생이 선생님의 인솔로 글짓기대회에 참석했다. 행사장에는 다른 학교의 학생들이 많이 와 있었다. 여학생들도 제법 되어 오기를 잘 했구나 생각하고 있는데, 글제가 주어졌다. 모두가 나무 그늘에 쭈그리고 앉아 글을 쓰는데 나만 놀고 있을 수가 없었다. 제목 '보람'에 맞추어 몇 자 적어 내는 것으로 그날의 일과를 마쳤다.

그 일이 있고, 두 주일이 지나서 난데없는 통지를 받았다. 내가 입상했다는 것이었다. 참으로 이상한 일이었다. 놀기 위해 참석했고, 남들이 다 놀지 않기에 겸연쩍어 몇 자 적어낸 글이 입상하다니.

여하튼 이 일이 있은 후로 나는 무척 힘든 한해를 보냈다. 선배들의 집요한 문예반 가입을 따돌릴 수가 없었다. 결국 선배들의 주먹이 두려워 나는 문예반에 가입하기로 결심하고 말았다.

문예반실에 들어서던 첫날, 전율을 느껴야 했던 것은 숙명이었을까. 군사혁명 이후 재건복 차림인 선생님들과는 다르게 사복 차림에 키는 작달막하니 역삼각형의 얼굴에 스포츠머리가 아닌 분이 지도교사로 앉아 계셨다. 그 분을 보는 순간 나는 전율했다. 그분은 내게 보통 사람으로 보이지 않았다. 신으로 느껴졌다. 비록 저 분은 키는 작아도 오장육부는 우리의 열 배는 될 것이고, 저 작은 팔에서도 슈퍼맨의 힘이 나올 것으로 착각되었다. 그날 이후 나는 문예반실을 찾는 것이 당연한 일이 되었고, 다음해부터는 후배들을 폭력으로라도 끌어들이는 일에 앞장서는 사람으로 바뀌고 말았다.

내 글쓰기의 과정에서 커다란 사건은 고삼 때에 찾아왔다. 신춘문예에 당선된 분이 있어서 찾아뵐 기회가 있었는데, 그 분은 나를 당신의 집으로 안내했다. 그리고는 당신의 책상 서랍을 열어 보여 주었다. 서랍마다 대학 노트가 가득 들어 있었다. 줄잡아 노트가 백 권은 족히 되지 싶었다. 그것을 보는 순간, '신춘문예에 당선하려면 이 정도의 작품은 써야 하는구나.' 하며 속으로 놀라고 있는데, 한권을 내놓으며 펴 보란다. 첫 장을 넘기던 나는 그만 말문이 막히고 말았다.

— 어머니, 어머니, 우리 어머니.
— 바둑아, 바둑아, 나하고 놀자.

초등학교 일학년 국어교과서의 내용이었다. 내가 겨우 정신을 수습하여 말문을 열자, 그 분은 내게 차분히 설명해 주셨다. 우리나라에서 가장 정확한 문장은 초등학교 교과서라서 육 년 과정의 교과서 57종을 모두 필사했다는 것이었다. 그러니까 이 백여 권의 노트는 모두 교과서를 손으로 적은 것이었다. 그 후 나는 그 분의 흉내를 내기 시작했다.

오늘날 내가 글을 쓰면서 다른 이들에게 흐트러진 문장이 적다는 소리를 듣는 것은 순전히 이 선배의 귀띔으로 초등학교 교과서를 베낀 덕이라고 말할 수 있을 것이다. 굳이 내게 작가로 이끌어준 책을 지적하라면 초등학교 교과서를 꼽지 않을 수가 없다.

집안의 내력이 학교 공부 외에는 감히 곁눈질도 불가했던 터라 별다른 책은 볼 수 없었던 내게 가장 힘이 되어준 책은 초등학교 교과서였다. 성년이 되어서 그것을 한번 써본 일은 커다란 사건 중의 하나이다. 그 이후 나는 좋은 글을 보면, 손으로 적어 보는 일을 잊지 않는다. 그러다 무던히 닮아가는 자신을 발견하고는 섬뜩 놀라기도 한다. 여하튼 좋은 글을 적어 보는 것은 내 문학 공부에 큰 힘이 되었다.

〈문학미디어 4. 2007. 봄호〉

예 예, 방백이었습니다요

어려서 처음 연극을 볼 때의 일이다. 무대의 두 주인공이 정중하게 예의를 갖추어 다투는 장면이 계속되었다. 그런데 이상한 것은, 그러다가 한 배우가 무대 앞으로 한 걸음 나서며 관중을 향해 입에 담기조차 어려운 상대방에 대한 욕설을 하고 있었다. 지금까지 다투던 분위기로 보아서는 앞에서 이 말을 들으면 노발대발할 것이 분명했는데, 상대는 전혀 반응이 없이 가만히 듣기만 하는 것이었다.

훗날 이것이 방백傍白이라는 사실을 알았다. 연극에서, 연기자가 청중에게는 들리나 무대 위의 상대편에게는 들리지 않는 것으로 약속하고 하는 대사를 우리는 방백이라고 한다. 물론 상대 배우도 귀에는 들리고 있으나, 못 듣는 것으로 약속이 되어 있으니 못 들은 체 하는 것일 게다. 오늘 이 자리에서 방백 이야기를 끌어내는 것은 연극 공부하자는 것이 아니다. 요즈음 세상 돌아가는 것이 마치 연극을 보는 것 같은 기분이 들어서 하는 말이다. 하기야 인생이 무대위에 올린 연극에도 비유가 된다고 주장한다면 할 말이 없다.

다시 정치의 계절이 다가서고 있다. 각 정당마다 좋은 후보를 공천하겠다고 열을 올리고 있다. 신선한 인물을 영입하여 당에 힘을 불어넣겠다고 공언했고, 유권자들의 입맛에 맞는 후보를 선정하겠다고 만천하에 선포나 하듯 내걸었다.

여당은 여당대로, 야당은 야당대로 내걸은 말은 근사하다. 이번에 내세운 정당에서의 말을 정리해 보면 항목도 다양하고, 구체적이다. 밀실형 정당 공천은 배제하겠다고 큰소리도 쳤다. 객관적이고 공정한 심사를 위해 투명한 방법을 모색하겠다고도 했다. 서류 심사도 하고, 면접도 보고, 필기시험도 보고, 여론 조사도 하고, 토론회도 거쳐서 합리적인 후보 선정 방법을 취하겠다고 공언도 했다. 심지어는 전문성 25점, 도덕성 20점, 유권자 신뢰도 10점, 당선 가능성 25점, 사회 기여도 20점 등을 거명하며 당장 실시될 계획처럼 발표도 했다.

그러나 그 말들은 누구와 한 방백인지 알 수가 없다. 그 수려한 말들은 유권자와 한 방백인지, 예비 후보자와 한 방백인지 구분이 서지 않는다. 필요한 대로 어느 한 쪽은 듣지 못하는 것으로 간주하는 모양이다. 어느 것은 말하는 사람과 유권자만이 듣는 것으로 간주된 방백이고, 어느 것은 말하는 사람과 예비 후보자만 알아듣는 것으로 약속된 방백이다. 그러니 일반 유권자야 혼미에 빠질 수밖에 없다.

 뿐만 아니라 사용하는 룰도 객관적으로 공정하게 적용해야 할 텐데, 코에 걸면 코걸이요, 귀에 걸면 귀걸이인 룰의 해석은 오히려 해악이 되고 만다. 옛날부터 내려온 기득권자의 욕심은 아직도 저만큼 뒤에 처져 있다. 국민은 삼십 리는 앞서 갔는데, 정치인들만이 뒤에 처져서 '아, 옛날이여'나 찾고 있으니 이는 큰일이다. 상향식 공천, 완전 국민 경선제, 시민 공천 배심원제를 내건 마당에 밀실 공천, 사심 공천, 중앙당 개입 공천 등의 추태가 자행되고 있다면 참으로 딱한 일이다. 이제는 정당들도 구태에서 벗어나 공천권을 당 지지자와 유권자들에게 돌려줘야 할 때가 왔다고 본다.

 이러한 세태에 편승하여 더러는 공정하게 치러진 공천을 승복하지 않는 문화도 문제이다. 며칠 안에 각 정당마다 내거는 후보의 최종 발표가 있을 것이다. 지금까지의 불만스러운 과정에 빗대어 결정된 사실마저도 부정하는 모습은 국민을 한 번 더 실망시키는 꼴이다. 모든 평가를 자신 위주로 내리지 말고, 자신에 마춰되어 있는 눈을 올바로 뜨고 내려진 결론에 승복하는 아름다운 모습을 유권자들에게 보여주기를 기대해 본다.

 요즈음 저간에는 텔레비전 드라마의 영향으로 야유 투의 말이 성행하고 있다. 제 생각에는 그렇지 않으면서도 그냥 알아서 들으라는 식의 말투다. 후보자들이 부탁해 오면 듣기 좋게 말하지만, 속내는 다르다. 그 말들을 액면 그대로 믿고 판단하여 여론의 결과를 믿지 않는 우매는 저지르지 말아야 한다. 후보자의 부탁을 받고 그 앞에서 자신의 뜻을 밝혀줄 유권자는 그리 많지 않다. 그러니 돌아서서 유권자는 '예 예, 믿거나 말거나' 하고 코웃음을 친다는 것이다.

이런 세태를 아는 우리의 정치인들이 한 수 더 떠서 공천에 대해 내건 '상향식 공천', '완전 국민 경선제', '시민 공천 배심원제' 등을 이야기해 놓고, 뒤돌아서 '예 예, 방백이었습니다요' 하는 것은 아닌지 모르겠다.

뻔히 들은 이야기를 누구는 들을 수 있고, 누구는 들을 수 없는 것으로 룰을 정하고 하는 게임은 공정하지 못한 경기다. 그리고 이런 현상이 자신들의 처지를 유리하게 해 놓기 위해 취해진 것이라면 아주 치사한 일이다. 이제는 출마하는 사람이나, 표를 찍는 사람이나 같은 언어를 사용하고 같은 의미로 받아들이는 세상이 되었으면 좋겠다.

〈새거제신문 2010년 4월 22일〉

도도盜道와 기도欺道

옛 문헌에 보면 도도盜道와 기도欺道가 나온다. 도둑질을 해도 마땅히 지켜야 할 도리가 있고, 사기를 쳐도 꼭 명심해야 할 도리가 있다는 말이다.

그것을 살펴보면 얼마나 우리 조상들이 인간이기를 고집하고, 다른 사람의 아픔을 헤아렸는지를 알 수 있다. 도둑의 도道에는 '남의 집에 무엇이 어디에 있는가를 아는 것은 지智요, 앞서 들어가는 것이 용勇이요, 뒤에 나오는 것이 의義요, 고르게 나누는 것이 인仁이요, 뒤주 속에 한 끼 지어 먹을 양식을 남겨두는 것이 예禮다.'라고 되어 있다. 또 사기꾼의 기도欺道에는 '남을 속이고자 깍듯이 스스로를 낮추는 것이 예禮요, 속이다가 들통 나면 깨끗이 무릎을 꿇는 것이 용勇이요, 속이고 취한 것이 적으면 부지런히 더 벌라고 훈계함이 지智요, 과부나 외로운 사람은 속이지 않는 것이 인仁이요, 우환을 겪고 있는 사람을 속이지 않는 것이 의義다.'라고 기술하고 있다.

　세인들이 해서는 안 된다고 말하는 도둑질과 사기 행위에도 짐승과는 다르게 인간임을 넌지시 일깨우려했던 지혜를 볼 수 있다. 아무리 큰 비행을 저질러도 인간임은 부정하지 말라는 교훈이다. 특히 여기서 인간임을 가장 실감케 하는 것은, 뒤주 속에 한 끼의 양식은 남겨두라는 것과 과부나 외로운 사람이나 우환을 겪고 있는 사람은 속이지 말라는 말이다. 사욕에 찬 짐승들은 인간과는 달리 작은 것과 나약한 것을 먼저 삼키는 것이 그들 행동의 첫째가 되고 있는 반면에, 사람은 오히려 배려해 주는 인간미가 있다는 것이다.

　짐승들이 제 먹이로 나약한 것을 취하는 데는 오로지 힘의 원리에 의존하는 것일 게다. 힘을 적게 들이고 확실히 취하여 내 입에 넣을 수 있다는 실리 앞에서 그들은 전혀 머뭇거릴 이유가 없을 것이다. 왜냐하면 짐승이기 때문이다. 목숨을 송두리째 앗아가는 일이니, 상대의 아픔과 절규가 무슨 의미를 갖겠는가. 오직 내 눈에 잡힌 먹이만 취하면 되는 것이 그들의 생존방식이다. 이 같이 자기만의 욕심만 채우면 되는 것이 짐승들의 세계이다.

　그러나 인간은 다르다. 남을 생각할 줄을 안다. 그래서 어려운 처지에 놓여 있는 사람에게는 힘을 덜어주려 하는 것이 인간의 인지상정이다. 앞에서 말했듯이 도둑질을 하고 사기를 쳐서 먹고 살아도 어려운 처지의 사람에게는 전혀 접근하지 않는 것이 인간의 도리이다. 인간은 나약한 자의 소유를 탐하거나 빼앗으려는 행동은 하지 않았고, 오히려 도우려했다. 그래서 제 새끼도 기를 줄 모르는 것을 식물이라 칭하고, 제 새끼만 기를 줄 아는 것을 동물이라 칭하며, 남의 나약한 새끼까지도 보살피고 기를 줄 아는 것을 인간이라 칭한 것이 아닐까.

그런데 요즈음에 와서 짐승들을 닮아가는 행위가 가끔 눈에 보여 눈살을 찌푸리게 한다. 결코 사람의 행위라고 보기에는 어려운 추악한 모습이다. 왜 이런 모습이 나올까? 그것은 쉽게 짐승들의 행위에서 답을 얻을 수 있다. 기왕에 사람이길 저버리고 나면 짐승과 같아져도 물욕만 채우면 된다는 사고방식으로 무장하게 된다. 짐승들이 힘없는 것을 공격해서 제 배를 채우듯이, 이런 무리들은 말 못하고 저항하지 못하는 약자를 후리려 한다는 것이 공통점이다.

우리를 놀라게 하는 초등학생 납치 성폭행 행위에서부터, 장애인에 대한 성폭력 행위, 노인들을 홀려서 인증되지 않은 약품을 강매하는 행위, 어수룩한 시골 사람들과 교통사고로 어려움에 처한 환자들에게 접근하여 사기 치는 행위, 미성년자에 대한 원조교제 행위, 어려운 세입자들의 호주머니를 터는 주인의 대책 없는 전세금 인상 행위, 임대 아파트의 근거 없는 임대보증금 책정 행위 등 나약한 사람들을 상대로 이루어지는 추악한 모습은 이루 다 열거하기에 벅차다.

전에는 살기가 어려워 도둑질을 하고 사기를 쳐도, 그 곳에는 반드시 인간이기를 고집하는 도道가 있었다. 그 옛날 보릿고개가 있던 시절에도 이 도가 지켜졌는데, 훨씬 살기 좋아졌다는 오늘에 와서 인간이기를 포기하는 모습이 나타나는 것은 안쓰러운 일이 아닐 수 없다.

다른 사람의 아픔은 밀쳐두고 내 것만을 챙기는 세상이라 해도 이것은 아닌 것이다. 적어도 인간이기를 고집해야 한다. 그 위에서 모든 행위가 이루어져야 한다. 이젠 이런 범법자들에게 도도盜道와 기도欺道라도 가르쳐야 하는 것일까. 적어도 우리 사회에서는 짐승들의 사회에서나 있는 힘 있는 자가 힘없는 자를 후리는 일은 없어야 한다는 생각이다.

〈새거제신문 2008년 7월 4일〉

차분한 절규

그곳은 분명 허허벌판이었다. 인가도 보이지 않는 목장지대, 사람보다도 더 많은 소와 사슴과 알파카가 한가로이 풀을 뜯는 벌판, 그곳의 주인은 진정 사람이 아니었다. 오로지 인간은 가축들에게 먹이 시중이나 들어야 하는 시녀에 지나지 않았다. 두 손 안에 먹이를 들고 알파카에게 다가서면 당연한 듯이 와서 먹어치웠다.

사람 수보다 가축의 수가 훨씬 많다고 해도 그것들마저도 쓸쓸해 보였다. 너무나 광활한 땅이라서 그들의 존재마저 미미하게 느껴졌다. 여러 종류의 짐승들이 함께 어우러져 살면서도 서로의 영역을 고집하며 싸울 일도 없었다. 굳이 네 것이라고 탐낼 이유가 하나도 없는 그곳은 무소유라는 의미조차도 필요 없었다. 이곳에서는 땅 한 평 소유를 갈망하는 인간들만이 머릿속으로 아파트를 옮기고 있었다.

　뉴질랜드 로토루아의 목장지대를 돌아보면서 먹먹해진 우리는 오후 시간이 깊어서 한 숍에 부려졌다. 허허로운 벌판의 어디쯤이었다. 너무나 광활하여서 방향마저 가늠할 수 없었다. 그냥 조그마한 돌멩이처럼 그 숍은 길가에 앉아 우리를 기다리고 있었다. 그 숍은 지금까지 만난 목장지대의 사육사보다도 더 외롭게 앉아서 우리를 맞았다. 가이드는 한국인이 자수성가하여 모피 생산을 하는 곳이라며 끌고 들어간다.

　언제나 그렇듯 해외여행에서는 가이드의 호주머니를 채워주기 위한 쇼핑이 마련되어 있다는 것을 알기에 유혹에 빠지지 말자 다짐하며 들어섰다. 공장 안에서는 털로 솜을 틀고, 이불을 만들고, 양탄자도 지어내고 있었다. 제품이 제법 고급스럽고, 값도 나가 보였다. 허리를 굽혀 인사한 한국인은 차분히 이야기를 시작했다.

　여기서 나는 용기를 내어 그의 이름을 거명해야겠다. 노광국 씨. 상호는 참기로 한다. 그는 분명 한국인이었다. 흔한 상품 소개에 열을 올릴 것이라는 나의 심드렁한 태도를 그는 일순간에 모두 내쫓았다. 자신이 타국에서 버텨온 경험을 말하는 것은 있을 수 있으나, 그의 말은 거기에 머무르지 않았다. 외국에 살면서 제 나라 민족을 걱정하고 사랑하고 있었다. 그의 말은 한국인으로서 떳떳하게 살아가야 할 이유와 방법에 대한 것이었다. 그것은 분명 조용한 웅변이었고, 차분한 절규였다.

　그는 '호텔에 가면 프런트에 한국어로 서비스 요청을 해 달라'

는 주문을 하면서 자신의 이야기를 마무리했다. 그리하여 한국인 관광객을 맞이하기 위한 한국인의 채용 분위기를 조성해 달라는 것이었다. 많은 한국인들이 관광 와서 정당한 대접을 받지 못하는 풍토도 쇄신하고, 한국인의 일자리와 한국어의 보급에도 일익을 담당하자는 생각이 분명했다.

이것마저 모국인을 홀리는 상술이라고 단정한다면 할 말이 없다. 나는 여기서 야박하게 보고 싶지 않다. 그의 진정성을 믿고 싶다. 어쩌면 내가 평상시에 가지고 있던 생각이고, 그런 글을 몇 차례 쓴 기억이 있어서 더 귀에 와 닿았는지는 모르겠다. 하지만 그의 모습을 있는 그대로 믿고 싶다.

비단 상술이라 하더라도 우리가 한번쯤 귀담아 들어야 할 이야기다. 우리가 처한 현실을 최대한 활용하는 슬기는 필요하다. 어떻게든 한국인의 긍지를 키우고 일자리를 마련하는 길이라면 같이 동참해서 나쁠 것이 하나도 없다. 단 한번이라도 외국에 나갈 기회가 생긴다면 한국어를 고집해 보는 것도 의미 있는 일이다. 이 기회를 통해 우리가 관광산업에 임하는 자세도 한번쯤 점검할 필요가 있지 않을까.

대학에서 신입생들에게 이웃 나라의 문화체험을 시키기 위해 일본에 간 적이 여러 번 있었다. 그 때마다 느낀 것이 있다. 그 호텔에는 거의 한국인 손님들뿐이었다. 그런데도 호텔 측은 굳이 한국어를 사용하거나 한국인을 채용하지 않았다. 얄미운 생각이 들어 끝까지 한국어를 사용해 보았으나 그들은 별로 미안해하지도 않았고, 대책을 세우지도 않았다.

우리와는 너무도 달랐다. 우리 같으면 외국 손님들을 맞아들이기 위해 외국어 교육을 시켰을 것이다. 여기서 우리는 선택의 기로에 서게 된다. 어느 것이 더 현명한 일일까. 조금은 이런 일본의 콧대를 꺾어줄 필요가 있다. 앞으로 일본의 호텔에는 한국어 가이드가 가능한 곳만 골라서 투숙하는 슬기가 필요하다. 그것은 우리의 정당한 권리이다. 또 다른 나라에 가서도 마찬가지다. 꼭 한국어를 고집함으로써 한국인의 긍지도 살리고, 민족의 정기도 힘차게 뻗쳐나갈 필요가 있다고 생각한다.

뉴질랜드 로토루아의 허허벌판에서 조국을 향해 외치던 노광국씨의 절규가 귀국한 후에도 오래 가슴에 남는다. 비록 외국 땅에서 외롭게 혼자서 외쳤지만은 그 소리는 내 몸에 묻어 한국 땅에까지 들어왔다. 광활한 벌판에서 은은히 들리는 임팔라의 절규처럼 그의 목소리는 오늘도 차분히 뉴질랜드를 찾은 한국인을 향해 울려 퍼질 것이다. 그리고 그 소리는 방문객의 귀에 묻어 귀국할 것이 분명하다.

〈새거제신문 2010년 3월 18일〉

개미의 힘

오랜만에 텃밭에 나갔다. 비가 지나간 후의 한낮은 후텁지근하다. 채소밭에 들어서니, 좀 전의 비에 견디지 못한 지렁이 한 마리가 흙 밖으로 나왔다가 개미들과 목숨을 건 싸움을 하고 있다. 아니 싸움이라기보다는 개미들의 일방적인 공격이다. 제법 몸집이 큰 지렁이는 무리지어 달려드는 개미들의 공격에 몸부림만 칠 뿐 속수무책이다. 개미들은 제 몸집보다 스무 배가 더 되는 지렁이를 집단 공격함으로써 서서히 지치게 하는 방법을 취하고 있다. 이리 구르고 저리 구르며 안간힘을 쓰던 지렁이는 서서히 지쳐간다. 개미 혼자의 힘이야 별거 아니지만, 그 힘이 모여서 이루는 성과는 참으로 무섭다. 개미는 강인하기 그지없다. 땡볕에 그슬린 피부가 따가운 볕에 더욱 단단하게 보인다. 아니 윤기가 자르르 흘러 빛이 나는 듯이 느껴진다.

무심코 바라보던 나는 심술이 나서 지렁이에게서 개미들을 떼어내어 찾아올 수 없는 곳으로 옮겨 놓았다. 그러나 이런 나의 수고는 개미들에게는 별다른 장애가 되지 않았다. 몇 마리 떼어 놓고 돌아서면 어느새 찾아왔는지 다른 개미가 벌 떼처럼 모여 있는 것이다. 나의 심술에도 전혀 동요함이 없이 자신들의 목적지로 지렁이를 옮기고야 만다. 정말 대단한 힘이다.

요즈음 나는 개미의 힘에 매료되어 있다. 혼자일 때는 별것 아니지만, 그것이 뭉쳐지면 대단한 위력을 발휘하는 힘. 어쩌면 이런 것이 우리 사회에서 요구하는 진정한 힘이 아닐까. 건전한 사회를 만들기 위한 작은 힘들의 집합이 필요한 때가 되었다. 능력 있는 한 사람의 커다란 힘보다는 모아진 작은 힘이 훨씬 크고, 그 파급 효과도 대단하다.

세상이 변하고 사회의 구조가 복잡해지면서, 이제 힘을 가진 사람들만이 사회를 변화시키던 시절은 끝났다. 정부만이 사회를 주도하던 시절도 지나갔다. 자생적으로 뭉쳐진 민초들의 힘이 진정한 힘이 되는 세상인 것이다. 흔히 민초라면 자신들의 이득을 추구하는 쪽으로 인식하기 쉬운데, 요즈음은 자기의 것을 내놓아 사회를 변화시키려는 작은 봉사 집단으로 큰 힘을 발휘하고 있다.

그래서 자원봉사활동을 '나비효과'에 비유하기도 한다. 시작은 작지만 그 결과는 크게 나타나기 때문이다. 자원봉사자들은 건강한 공동체의 건설을 위해 자신들의 시간과 재능과 에너지를 기꺼이 내놓는다. 그들은 정체되어 있는 곳에 뛰어들어 조그마한 힘이라도 쏟아 부어 변화를 일으킨다. 어디까지나 자발적이기에 보수가 없어도 좋고, 오히려 제 것을 내놓아도 아깝지 않다. 그래서 지속적으로 이루어질 수 있고 성취도 또한 높다.

이러한 활동에 참여하게 되는 동기는 여러 가지 있을 수 있으나, 가장 소중한 것은 자신의 만족으로 즐거움을 찾기 위한 행위라는 것이다. 출발이 봉사에서 시작한 것이기에 땀을 흘려 일을 해도 아깝지 않고 즐겁기만 하다. 자원봉사는 궁극적으로 그 자체가 남을 위한 것이라기보다 자기 자신이 행복하고자 하는 행위이다. 다른 사람에게 자랑하고자 하는 것이 아니라서 숨어서 해야 더 빛나는 것이 이것이다. 남이야 뭐라 하든지 자기 스스로 보고 듣고 생각하고 판단해서 실천으로 옮기기에 자발적인 행위이다. 남이 시켜서 하는 행위가 아니기에 행복하다. 이 작은 봉사는 파급 효과가 크기 때문에 사람들의 가슴에까지 밀려와 출렁이며 사회의 등불로 작용하게 된다. 자원봉사자들은 자기 자신을 희생하는 것처럼 행복한 일은 없다는 것을 너무도 정확히 알고 있다.

흔히들 자원봉사는 남에게 베풀어 도움을 주는 것으로 생각한다. 그러나 봉사자의 입장에서 본다면 그것은 무관하다. 나의 봉사가 수혜 대상자에게 도움이 되면 다행이고, 그렇지 못하다 해도 행하는 것이 이 일이다. 내가 내어놓은 것이 하나이면 그 즐거움이 열로 돌아오기에 행해지는 것이 자원봉사다. 그래서 남 몰래 행해져도 즐거운 것이고, 보람을 느끼는 것이다.

손아귀에 쥐는 욕심보다는 손을 폄으로써 가질 수 있는 즐거움의 의미를 알기에, 그들은 자신의 처지로는 과분한 시간과 재물을 기꺼이 내놓을 수 있다. 어찌 보면 그래서 어려운 사람이 자주 손을 펴는지도 모른다. 그래도 이 일이 보람된 것은 가진 자보다 덜 가진 자들이 많이 나선다는 사실이다. 바로 개미와 같은 작은 힘들이 모여서 큰일을 해 내기에 가치가 있는 것이다.

요즈음 우리 사회에 이러한 바람이 불고 있다. 모쪼록 지펴진 불씨가 무관심 속에서 그냥 소진되는 일이 없도록 배려해야 할 것이다. 모든 사람이 개미와 같이 힘을 합해야 하는 것은 자신의 행복을 위한 것이고, 사회의 밝음을 위한 것이기 때문이다.

〈새거제신문 2006년 9월 23일〉

일십백천만 一十百千萬

기축년己丑年이 저물어 가고 있다. 매년 이맘때면 우리는 지난 한해를 되돌아보고 자신을 성찰하는 기회를 갖는다. 그것만으로도 인간임을 확인하는 시간이다.

하루하루 우리에게 제공된 일상을 숨쉬고 살면 그만일 텐데, 굳이 그 세월을 나누어 한달 한해를 가름하고 의미를 주는 것은 삶에 매듭을 주기 위한 장치일 것이다. 매듭은 서로 연결은 되어 있으면서도 그 객체마다 독립시켜 평가하는 기회를 우리에게 제공해 준다. 그래서 살아낸 자신의 삶을 평가하고 다음 매듭에서는 더 나은 삶을 꾸리게 한다.

지금 시중에 나가보면 한해를 마무리하면서 자신들의 삶을 되돌아보는 송년회가 한창이다. 여기저기에서 건배구호가 쏟아져 나오고 새로운 다짐을 하는 우렁찬 목소리가 거리를 흔들고 있다. 그러나 그 모습이 흥청망청 환락에 떨어지지 않고, 차분히 생산적으로 이루어지고 있다는 데에 박수를 보낸다.

한동안 삶이 힘에 부쳤던 시절에는 자신이 처한 현실이 지겨워서 잊고 싶었고, 이 해가 빨리 가기를 갈망하는 뜻에서 망년회忘年會라고 칭하여 왔다. 모두 잊고 싶었던 세월이다. 하지만 요즈음은 삶이 좀 여유로워지면서 송년회送年會로 그 명칭이 바뀌었다. 가는 해를 잘 다독거려 보내겠다는 심사도 있겠지만, 이런 기회를 통하여 구성원의 원활한 화합과 결집을 도모하기도 하고, 자신의 건강과 행복을 짚어보자는 의도도 살짝 밀어 넣어 놓았다. 송년회가 술로 절어버리는 행사가 아니라 생산 활동의 일환으로 진행되고 있어서 조금은 다행스럽다는 생각이 들기도 한다. 그런 까닭인지는 몰라도 송년회의 건배사도 많이 달라졌다.

그 건배구호를 살펴보면 공동체를 우선으로 생각하고 내건 구호가 많다. 나가자(나라와 가정과 자신의 발전을 위하여), 세우자(세상도 세우고 우리의 가정 경제도 세우고 자신도 세우자), 참이슬(참사랑은 넓게 이상은 높게 술잔은 평등하게), 당나귀(당신과 나의 귀한 만남을 위하여), 당신 멋져(당당하고 신나고 멋지게 저 세상을 향하여), 일십백천만(하루에 한번 이상 좋은 일하고 10번 이상 큰소리로 웃고 100자 이상 쓰고 1000자 이상 읽으며 1만 보 이상 걷자) 등이 바로 그것이다.

또 자신의 건강과 행복을 기원하고 오늘의 자리에 맞춘 구호도 제법 된다. 진달래(진하고 달콤한 내일을 위하여), 구구팔팔이삼사(99세까지 팔팔하게 살다가 이틀만 아프고 3일째 죽자),

성행위(성공과 행복을 위하여), 재건축(재미있고 건강하고 축복된 삶을 위하여), 무시로(무조건 시방부터 로맨틱한 사랑을 위하여), 지화자(지금부터 화끈한 자리를 위하여), 니나노(니랑 나랑 노래하고 춤추자), 거시기(거절 마라 시방부터 기막히게 보여주지), 원더걸스(원하는 만큼 더도 말고 걸러서 스스로 마시자), 변사또(변치 마라 사내들아 또 만날 때까지) 등은 이런 쪽의 건배구호로 가름할 수 있다.

이상 기술한 건배구호는 나의 안테나에 잡힌 것들이다. 이 외에도 다양한 것들이 더 있을 것이다. 그런데 특이한 것은 전에는 그 자리에서의 취흥을 돋우는 건배구호가 대부분이었는데, 요즈음은 매우 바람직한 쪽으로 바뀌었다는 점이다. 삶의 위기감이 목 아래에까지 찼던 것이 조금은 가신 듯하여 다행이다. 늘 절망에서 토해내던 악다구니보다는 남을 배려하고 그 위에서 자신의 삶의 윤택을 소망하는 모습이 한해를 보내는 자리에서 보인다는 것은, 그래도 우리에게 희망이 있다는 증거이다.

그러면서도 그에 임하는 태도는 전보다 훨씬 우연하고 익숙하다. 송년회라 하여 고주망태가 되어 거리를 헤매는 사람도 없다. 적당한 선에서 삶의 찌꺼기를 털어버리고 귀가하는 모습이 보기에도 좋다. 처음 외국에서 들어온 망년회의 풍습이 이제 우리의 처지에 맞는 송년 문화로 안착되어가는 분위기다. 이런 모습이 혹여 부족에서 초래된 어쩔 수 없는 현상이 아니길 기대하면서 민족의 슬기를 느낀다.

이제는 선진국 대열에 든 만큼 우리도 매사에 성숙한 모습을 유지할 때가 되었다. 오늘의 우리 모습이 급조된 것이 아니고, 자연스럽게 성숙하여 이루어낸 자화상이려니 믿고 싶다. 뿐만 아니라 삶의 질도 그렇게 풍족하여 마음의 여유로 이어지길 고대해 본다.

　기축년 한해를 보내면서 자신을 되돌아보는 기회가 새로운 힘을 재충전하는 자리로 활용되기를 갈망한다. 자신에 대한 성찰이 없이는 새로운 도약은 불가능하다. 진정한 의미의 송년회를 갖고, 찾아오는 경인년庚寅年의 아침 해를 맞을 마음의 준비를 해야겠다. 내년 이맘때에는 아쉬움이 없이 송년회에 나갈 수 있도록 최선을 다하는 한해로 만들어야겠다. 아무래도 나는 오늘 송년회의 건배구호로 '일십백천만'을 선택해야 할 듯하다.

〈새거제신문 2009년 12월 24일〉

백자의 얼굴

거실 한 편에 백자 한 점이 있다. 내가 가지고 있는 유일한 백자다. 제법 듬치도 있고, 보기에도 늠름하다. 한 면에는 매화가 그려져 있고, 반대쪽에는 내 수필 '선'에서 뽑은 글귀가 새겨져 있다. 그러니까 이 세상에 단 한 점 있는 백자가 분명하다.

그러나 백자에 새겨진 글귀를 본 사람은 아내 말고는 없다. 물론 이것을 처음 제작할 때 제자들 몇 명이야 보았을 것이다. 그곳에 새긴 내 글귀는 기왕에 책으로 발표한 것이니 많은 독자가 보았겠지만, 이처럼 백자에 들어가 앉아 있는 모습을 본 사람은 거의 없다. 왜냐하면 내 스스로 다른 사람이 보지 못하도록 매화만 보이게 진열해 놓았기 때문이다. 크기도 제법 되어 아무도 손대지 않으니 처음 내 집에 와서 터 잡은 그대로 지금껏 놓여 있다.
　언제나 백자의 매화 그림이 보이도록 놓은 데에는 나름 속셈이 있다. 그 동안 써 놓은 글귀들이 그리 각인될 정도로 빛을 함유하고 있는 것도 아닌데다가 글귀 앞에 있는 '祝 壽宴'이란 문구가 내 마음을 더 불편하게 만들고 있어서다.
　실토하면 벌써 한 해 전의 일이다. 환갑이 되도록 살았다는 것이 믿어지지 않는다. 주위에서 환갑잔치를 입에 담으면 무슨 이야기냐며 손사래를 쳤다. 그 동안 내가 해 놓은 것도 없고, 걸어온 길 자체가 특별한 것도 없어 쑥스럽기 그지없는데 무슨 환갑잔치인가. 허물투성이인 몰골로 벌써 그렇게 살았다는 것도 부끄러운데 옛날 제자들이 호텔의 공간까지 예약하고 찾아왔을 때는 어쩔 수가 없었다. 그들은 내가 대학으로 오기 전 봉직했던 대전 보문고등학교 시절에 담임을 맡았던 제자들과 문학 동아리의 제자들이다.
　생일 자체도 모를 일인데, 어찌 그리 정확히 날짜를 알고 자리를 마련했는지 신기하다. 처음 시간을 내놓으라는 통보를 받았을 때는 먹먹하여 자세히 묻지도 못하였다. 나중에 안 일이지만, 한 해 전에 제자들이 내 집에 들러 하룻밤을 지내고 간 적이 있었다. 그날 밤 제자들은 아내에게 넌지시 날짜를 확인했던 모양인데 둔감한 아내는 전혀 눈치 채지 못하고 있었던 거였다. 그러니까 이들이 마련한 이 자리는 한 해를 두고 계획된 것이었던가 보다.
　당시만 해도 내가 젊어서 그들을 많이 들볶았고, 매질깨나 했던 제자들이다. 얼마나 정열적으로 매질을 해댔으면 지금껏 그 매가 인연이 되어 계를 만들어서 만날까. 만날 때마다 내 욕을 하며, 선생님은 오래 살 거라며 너스레까지 놓는다는 제자들이 이제는 마흔을 지나 쉰을 바라보고 있다.

단순히 제자들만의 자리인 줄 알고 내 아이들에게 연락도 하지 않았는데 그게 아니었다. 아내는 물론 어린아이들까지 모두 데리고 나온 자리였던 것이다. 정작 자식의 도리를 해야 할 내 아이들은 오지 않았으니, 이 또한 제자들에게 면구스럽기 그지 없다.

늘 이렇게 주변머리 없이 살아가는 허물투성이인 나이고 보니 내 삶을 숨기고 싶은 것이다. 그런데도 제자들의 행실은 너무도 모범적이니 나는 정말 행복한 사람인 것 같다. 지금이라도 내 이 말을 하면 제자들은 달려와서 '맞아요' 하고 대신 술값 준비하라고 아내를 조를 것이 뻔하다.

지금도 나는 가끔 그 날의 모습을 기록한 동영상을 바라보지만, 주위에 아무도 없는 것을 확인하고 혼자만 본다. 제자들이 절을 하는 모습을 바라보면서 나는 이 절을 받을 수 있는가 하고 자신을 채근해 본다. 분명 모자라는 스승을 올바로 세우기 위해 제자들이 각성의 자리를 마련한 것이 분명하다.

한번은 동영상으로 축시 낭송하는 제자의 모습을 바라보다가 문득 원문을 적은 지편紙片이 보고 싶어 찾았으나 없었다. 이틀 동안 서재를 뒤적여 겨우 찾아내었다. 그리고는 백자 속에 얼른 넣어 두었다. 이제는 잊지 않기 위해 이 글의 뒤에 첨부시켜 두어야 할까 보다. 컴퓨터처럼 정확하던 기억력도 이렇게 흐리니, 제자들이 환갑이 가까웠는가 보다며 아내에게 접근하여 날짜를 알아낸 것은 아닌지 모르겠다.

앞으로도 백자는 매화만 그린 얼굴로 거실을 지킬 것이다. 언젠가 떳떳하게 그것이 돌아앉을 날이 있기를 소망한다. 그러기 위해서는 내 자신 환골탈태換骨奪胎해야 할 것이다. 그때가 되면 주위 사람들은 또 하나의 백자가 생긴 것으로 알겠지. 그렇게라도 되었으면 좋겠다. 다시 각오를 다지면서 제자의 글도 첨부시켜 마음을 다져본다. 얼마 남지 않은 재직기간에 온전한 교육자가 되려면 이런 자리가 수십 번은 있어야 할 것 같다.

선생님, 오늘은 잠시
― 사람의 나무를 심으며 살아오신 당신께

보고29회 만다라*4기 최희도

선생님, 오늘은
삶의 수레를 끌고 굴곡진 인생의 굽이굽이를 돌아
고갯마루에 우뚝 올라서셨으니
수레를 내려놓으시고 잠시
땀을 식히셔요.
금방 쏟아질 듯 쪽빛 하늘에 흠뻑 젖어도 보시고

---

* 만다라 : 대전 보문고등학교에 있는 문학 동아리. 필자가 부임 다음해에 창립하여 떠날 때까지 지도하던 동아리임.

상기된 얼굴에 살랑이는 바람도 삼키시고
주름치마 펼쳐놓은 산자락 결결이 눈에 담아도 보셔요.
그리고
당신께서 한 순간도 쉬지 않고 올라오신 그 비탈마다
심어 놓은 나무들을 보셔요.
그 나무들이 이루고 있는 삶의 숲들을 보셔요.

어떤 나무는 이제 새순을 내밀고 꿈을 훔치고 있고
어떤 나무는 제법 자라 무성한 잎을 펄럭거리고
어떤 나무는 붉고 단단한 열매를 탐스러이 자랑하고
어떤 나무는 아름다운 삶의 빛깔들을 주렁주렁 달고
온 산을 가지각색의 삶의 체취로 물들이고 있을 거예요.

잠시 숨을 고르셨거든 가만히 들여다보셔요.
무성한 숲 안쪽 깊이
나무들 사이로 조용히 빛나고 있는
문학에 대한 열정과 세상에 대한 꿈과
사람에 대한 뜨거운 사랑을.

선생님이 심으셨던
그 열정과 꿈과 사랑이 만들어 내고 있는
삶의 풍경들을
무성한 숲 안쪽 깊이
나무들 사이로 출렁이고 있는 시간들을.

하지만
혹시 너무 늦게 순을 틔우거나
병약해 시들시들 제대로 자라지 못하거나
열매를 잘 못 맺는 녀석들을 보시더라도 이제는
처음 나무를 심으실 때 그때처럼
만사 제쳐놓고 한달음으로 달려오시지 마세요.
조금 늦은 놈도, 골골대는 놈도, 열매를 쉬 맺지 못하는 놈도
이제는 다 삶의 바람도 견딜 줄 알고
비속에도 뿌리잡고 버틸 줄 알고
조금씩 깊게 뿌리내리며
더우면 더운 대로 추우면 추운 대로
몸을 낮추며 살아낼 줄 아는 걸요.

땀이 식으면 선생님은 다시
툴툴 털고 일어나 수레를 잡고
28년 전 저희를 처음 만나던 그때처럼
33살의 번쩍이는 눈빛을 하고
언제나 그러하였고 앞으로도 영원하실 사모님을 재촉하시며
이제 내려가자 하시겠지만
아직도 심으실 나무가 많다 하시겠지만
삽을 들 힘이 없으실 때까지 나무를 심으신다고 하시겠지만

선생님, 오늘은 잠시
수레를 내려놓으시고
좀 더 오래도록 추억에 잠겨

당신이 그려온 삶의 자국들을 돌아보세요.
평생을 함께 하신 아름다운 반려와
두 분의 젊은 시절과 꼭 같을 '아지랭이'의 손을 잡고
선생님이 키우신 나무들의 좁은 그늘에라도 앉아
가다가 못가면 쉬었다 가지, 허허허 너털웃음 지으시며
삶의 수고로움을 내려놓으시길
쉬었다 가시길
웃다 가시길

두 분의 무병장수와 백년해로를 빌며
당신의 꿈이었고, 젊음이었고, 사랑이었던
제자들이 올리는
감사와 존경의 술 한 잔 받으시고
숨을 돌리셔요.

선생님, 오늘은 잠시
취하셔도 좋으신 예순 해
사랑하는 당신의 생신이십니다.

— 선생님의 회갑을 맞아 제자들을 대신하여 감사와 사랑을
  전합니다.

〈2010년 11월 27일〉

---

* 아지랭이 : 필자의 자녀. 아들의 별명이 '강아지'이고 딸의 별명이 '강냉이'라
  서 성씨를 빼고 '아지', '냉이'라 부르고, 함께 부를 때는 '다지랭이'라 부름.

강돈묵 수필집

흔들리는 계절

인　　쇄　2010년 12월 10일
발　　행　2010년 12월 15일

저　　자　강 돈 묵
발 행 인　서 정 환
발 행 처　수필과비평사

출판등록　1984년 8월 17일 28호
주　　소　서울시 종로구 익선동 30-6
　　　　　운현신화타워 빌딩 2층 208호
전　　화　(02) 3675-5633 (063) 275-4000
메　　일　essay321@hanmail.net

값 10,000원

ISBN 978-89-5925-794-2　　03810

※ 저자와 합의하여 인지는 생략합니다.
※ 잘못된 책은 바꿔드립니다.